AF349335

ALBERTO MARTÍN BARRERO
PABLO CAMACHO LAZARRAGA

MODELO DE FORMACIÓN PARA ESCUELAS Y CLUBES EN LOS DEPORTES DE EQUIPO

UNA PROPUESTA DESARROLLADA EN EL FÚTBOL

ÍNDICE

1. Introducción

Los deportes colectivos han sufrido, en la última década, una evolución considerable en sus planteamientos formativos para aquellos niños y niñas que desean desarrollar su actividad deportiva en deportes de estas características. La cantidad de jóvenes que acuden a clubes y escuelas deportivas ha alentado a dichas entidades a tener una concepción del proceso formativo cada vez más asentada y orientada a nuevas perspectivas y pedagogías que motiven y eviten el abandono de la práctica deportiva a los practicantes.

La creciente importancia de crear esta línea estratégica en los clubes y escuelas formativas hace fundamental la elaboración de una metodología de trabajo común y que permitan a los deportistas poder desarrollarse desde un punto de vista integral.

El fin básico de este documento es el de crear una base metodológicas y unas pautas comunes que guíen y ofrezcan una línea estratégica en la metodología de entrenamiento del fútbol base de una escuela o club de fútbol.

La creciente importancia de crear esta línea estratégica en las canteras de los equipos de fútbol hace fundamental la elaboración de una metodología de trabajo común. Para ello es importante conocer cuales deben ser los objetivos básicos que deben buscar estas líneas estratégicas:

- Gestionar el proceso de aprendizaje desde un punto de vista integral, en el cual se permita a los deportistas desarrollarse según sus capacidades.

- Aplicar una metodología de entrenamiento bajo una misma línea de trabajo que ayude a los técnicos deportivos a entender las bases del desarrollo deportivo de los practicantes.

- Aportar las principales estrategias de intervención y actuación en entrenamientos y competiciones.

- Guiar a los técnicos en la filosofía que ha elegido el club o escuela deportiva para el proceso formativo de los jugadores de fútbol.

- Facilitar a los técnicos todas las posibles pautas metodológicas para conseguir sus objetivos de entrenamiento.

- Establecer un documento de aplicación práctica que sirva como base para establecer las pautas básicas de una metodología común de actuación e intervención.

Esta guía está especialmente dirigida a todos los técnicos de clubes y escuelas, desde entrenadores hasta preparadores físicos, con el objetivo de utilizarla en el proceso formativo de sus equipos y para planificar sus temporadas. Como se podrá observar a continuación cada etapa formativa o periodo formativo consta con sus peculiaridades, aunque las pautas generales son comunes a todas las categorías, es evidente que cada una de ellas tenga sus matices y sus variaciones con el fin de adaptar la metodología y el proceso de aprendizaje y entrenamiento a las edades correspondientes.

En relación a la filosofía es importante recalcar que establecerla es un paso muy importante para asentar las bases sobre las que los deportistas van a desarrollar su proceso formativo. Esta filosofía no debe tan solo incluir a los técnicos y deportistas, sino también a las familias, aunque este no será el tema tratado en este manual. Todo técnico perteneciente a un club o escuela deportiva se debe de sentirse 100% participe de los éxitos de su entidad deportiva y es por ello que podríamos considerar fundamental que participen en la continua mejora y renovación de las líneas estratégicas y metodológicas. Para ello una de las intenciones que deben establecerse es crear la PARTICIPACIÓN constante e imprescindible de TODOS los técnicos del deporte formativo, entendiendo el trabajo desde un punto de vista multidisciplinar en el cual todos los técnicos deben aportar sus conocimientos y sus virtudes, y evitando por lo tanto, el fracaso de los educadores que sostienen el trabajo de la escuela, el cual se podría traducir en el fracaso de NUESTROS jugadores. Una buena filosofía de club o escuela deportiva debe sustentarse en cuatro pilares fundamentales:

- Trabajo en equipo
- Profesionalidad
- Constancia
- Entusiasmo

2. La construcción de un modelo de formación

En las siguientes páginas se desarrollará un modelo aplicado a uno de los deportes de equipo más relevantes y que mayor repercusión generan a nivel mundial, el fútbol. Es importante partir de la necesidad de construir dentro del modelo un proceso de formación que de consistencia a dicho modelo y el cual persiga desarrollar u optimizar los mejores medios y métodos para el desarrollo de sus jugadores. Conseguir unificar criterios formativos sobre unas bases pedagógicas y didácticas permitirá tener claro como construir y recorrer el camino de la formación del deportista. Por lo tanto llegaremos a hablar de la construcción de un modelo para formar, un modelo de formación.

Por otro lado y como bien indica Fradua & Sánchez-Latorre (2001) la poca existencia o casi inexistencia de un modelo de formación en el fútbol puede producir confusiones y dar "palos de ciego" en dicho proceso de enseñanza-aprendizaje durante el entrenamiento, con un mayor perjudicado, el niño. Tal y como indican Wein (2000) Wein, (2004) , Sans & Frattarola (1998) que hablan que basar nuestro entrenamiento en un modelo de formación produce ciertas ventajas:

- Proporcionar al entrenador no solo una directriz o un camino para llevar a cabo el proceso de enseñanza-aprendizaje, sino también la valoración del contenido del modelo.

- Ayuda a preestablecer fines y a concretar varios aspectos del programa formativo.

- Es un incentivo para el alumno, porque si los objetivos son conocidos por ellos, les permite centrar sus esfuerzos en algo definido.

- Facilita al entrenador la orientación de objetivos y las correcciones sobre esos objetivos.

Siguiendo a Van Hoecke, Schoukens. & De Knop (2006) sobre la visión de la formación del futbolista construiremos las características de un modelo de formación. Dichas características son:

- Estar adaptado a las necesidades biológicas y pedagógicas (a las características de desarrollo por etapas).
- Establecer objetivos por etapas de formación.
- Tener un proceso bien definido de enseñanza-aprendizaje de contenidos.
- Ser coherente, progresivo e ininterrumpido.

CARACTERÍSTICAS DE UN MODELO DE FORMACIÓN

Según Schoukens & Hoecke (2005) para construir la visión de la formación de los jóvenes jugadores de un club hace falta tener un plan de formación. Nosotros cogeremos las características de este plan de formación para construir nuestro modelo de formación.

Un modelo de formación debe de tener las siguientes características:

1. Modelo de juego (roles y tareas por posición, sistema de juego, principios y subprincipios, estilo de juego). Este modelo de juego es el adoptado por el primer equipo.
2. Perfil de jugador por posición
3. Características de desarrollo por fases de desarrollo
4. Objetivos por etapas y/o categorías
5. Plan de aprendizaje (contenidos)
6. Guía práctica de entrenamiento con instrumentos de trabajo (tareas, orientaciones metodológicas etc.)
7. Otros instrumentos de trabajo (vocabulario común etc.)

Esquema I. Características modelo de formación.

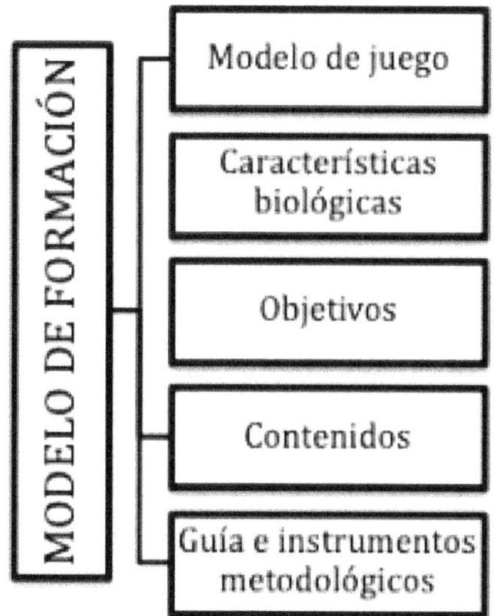

NUESTRO MODELO FORMATIVO

"Construir el aprendizaje para un modo de jugar"

Antes de introducirnos de llenos el proceso de aprendizaje de nuestro modelo de juego, creemos convenientes la necesidad de comentar que la evolución biológica del jugador de fútbol es muy diferente según las etapas formativas en la que esté inmerso.

No es lo mismo las capacidades físicas, fisiológicas, cognitivas y sociales de un niño de 10 años que la de uno inmerso en plena pubertad con 13 años.

En el siguiente cuadro mostraremos algunas de las características fundamentales y a tener en cuenta según la etapa formativa en la que se encuentra el jugador de fútbol. Estas características no son únicas y determinantes de dicha etapa, ya que un jugador puede tener cronológicamente 12 años y encontrarse en una maduración biológica de un niño de 13 años.

Tabla I. Características del desarrollo madurativo por etapas.

6-8 AÑOS (PREBENJAMÍN)	
MORFOLÓGICAS Y FÍSICAS	- Gran flexibilidad - Reducida economía de carrera - Se cansan muy rápido pero tienen una rápida capacidad de recuperación
PSICOMOTRICES	- Dificultad para percibir el balón - Dificultad en la técnica - Cada niño juega a su manera, a su propio ritmo
PSICOSOCIALES	- Concentración reducida - Espontáneos - No hay sentimiento de grupo (poco sociable) y adoptan comportamientos más individuales

8-10 AÑOS (BENJAMÍN)	
MORFOLÓGICAS Y FÍSICAS	- Muy buena flexibilidad - Resistencia y potencia reducidas
PSICOMOTRICES	- Mejor percepción del balón - Mejor coordinación
PSICOSOCIALES	- Son más entusiastas, aprenden rápido y tienen espíritu de equipo (son más sociables)

10-12 AÑOS (ALEVÍN)	
MORFOLÓGICAS Y FÍSICAS	- Sigue manteniendo muy buena capacidad de flexibilidad. - Principio de desarrollo muscular
PSICOMOTRICES	- El control del balón es mejor dirigido - Buena coordinación - Empieza a jugarse bien en equipo
PSICOSOCIALES	- Se trata de medir con los otros (se comparan con los demás) - Fuerte espíritu de equipo - Se les puede proponer objetivos en grupo - Son más críticos

12-14 AÑOS (INFANTIL)	
MORFOLÓGICAS Y FÍSICAS	- Disminuye la flexibilidad - Rápido crecimiento de la talla corporal - La velocidad y la flexibilidad disminuyen (es inútil trabajarlas porque los músculos están en pleno crecimiento) - Sensible a las lesiones por la pubertad (crecimiento)
PSICOMOTRICES	- El crecimiento corporal puede disminuir la coordinación - En el plano técnico habrá poco progreso
PSICOSOCIALES	- Se preocupan más por ellos mismos que por los otros - Se producen nuevos cambios en sus vidas (paso de primaria a secundaria) - Son más independientes - Soportan más la responsabilidad según sus propias críticas - Empiezan a argumentar las cosas - Diferencian el origen social de cada persona - Consideran las críticas como negativas - Falta de curiosidad -Periodo de adaptación emocional

156-18 AÑOS (CADETE-JUVENIL)	
MORFOLÓGICAS Y FÍSICAS	- Crecimiento armonioso del cuerpo - Permite las cargas más altas de trabajo en potencia y resistencia
PSICOMOTRICES	- Se restablece la coordinación, la técnica y la percepción del balón
PSICOSOCIALES	- Se incremente el sentimiento de responsabilidad - Pueden analizar su propio juego - Importante la confianza en sí mismo - Autocrítica afianzada

La bases metodológicas pueden estar sustentadas en el modelo de juego establecido por el club y a partir de ahí en las fases del juego y en los principios y subprincipios del juego, los cuales serán desarrollados a través de sus elementos técnico-tácticos individuales, colectivos y los elementos técnico-tácticos de equipo. Por lo tanto encontramos que nuestro modelo formativo sigue el siguiente esquema:

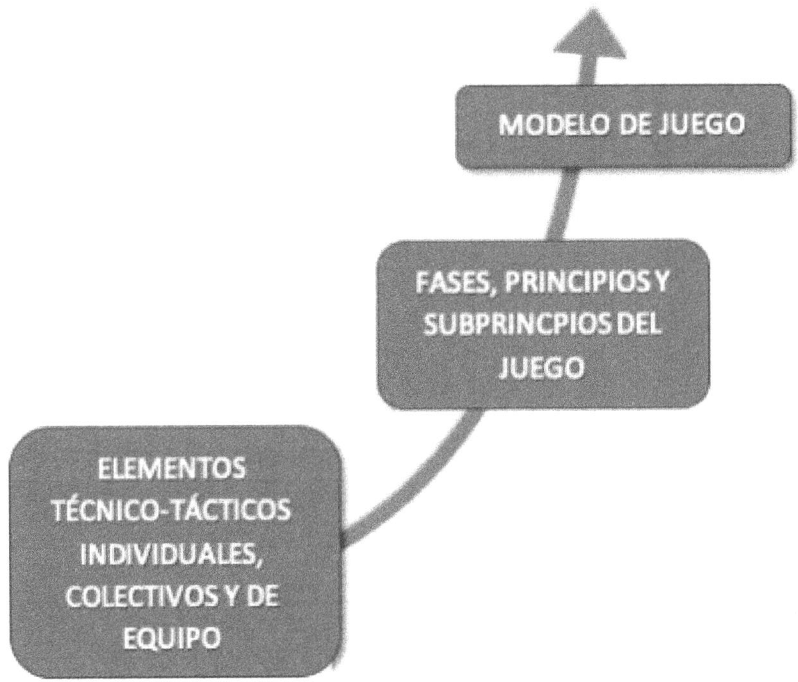

Esquema II. Elementos formativos del modelo de formación.

Como si de la construcción de una mesa se tratara, nuestro modelo formativo consta de herramientas, las patas y el tablero.

- **Las herramientas:** "Elementos o medios del juego", serán nuestros destornilladores, martillos etc., que tendremos que saber utilizar y manejar para construir la mesa. Son las capacidades técnico-tácticas que el jugador adquirirá para desarrollar su juego individual y grupal.

- **Las patas:** "Fases, principios y subprincipios del juego", serán los pilares formativos del jugador, sobre los que darán fortaleza a nuestro modelo, la compresión de estos princípios y el saber hacer de los subprincipios es fundamental.

- **El tablero**: "El modelo de juego", será el último eslabón, sobre la que asentamos nuestro modelo formativo. Todo el proceso irá destinado a que el jugador se desarrolle autónomamente a ese modelo de juego.

Desde sub 8 hasta sub 15 se trabajará y desarrollará todos los contenidos metodológicos basados en los principios generales del juego y los elementos técnico-tácticos para comprender el modelo de juego y a partir de sub 16 empezaremos a basar nuestro contenido metodológico en los principios y subprincipios del modelo de juego, de tal forma que hay una transición entre el equipo sub 15 y el sub 16 que se refleja claramente en la evolución del aprendizaje y también de la especificidad del juego. Además a partir de sub 16 se buscarán objetivos también competitivos.

Como hemos mencionado anteriormente diferenciamos dos tipos de elementos o medios:

- Técnico-táctico individual:

  o Orientación a aspectos técnicos
  o Dependen más del jugador
  o Directamente relacionado con el balón

- Técnico-tácticos colectivos y de equipo:

  o Orientación a aspectos tácticos
  o Dependen más de las acciones de los compañeros
  o Directamente relacionado con el rival, espacio y el tiempo

El modelo de juego:

Tal y como indica Garganta (2016), el modelo de juego funciona como mapa que guía la ruta a profundizar. Dentro de esta forma de trabajar y organización del juego, es importante conocer la estructura que conforma este mapa o ruta. Martín-Barrero & Martínez-

Cabrera (2019) reflexionan sobre la relevancia del modelo de juego en el fútbol formativo, indicándonos que el modelo de juego en estas edades debe emplearse tan solo desde un punto de vista instructivo y orientado a la formación del jugador, con elementos que permitan seguir desarrollando el talento o las capacidades de los jugadores y no como un elemento estanco y con unos patrones cerrados.

Orientados por Martín-Barrero & Martínez-Cabrera (2019) el diseño del modelo de juego tendrá como parte fundamental tres aspectos:

1. Fases del juego
2. Subfases o momentos del juego
3. Principios de actuación

Todos los elementos y contenidos de aprendizaje serán destinado al saber y saber hacer de dichos principios de actuación.

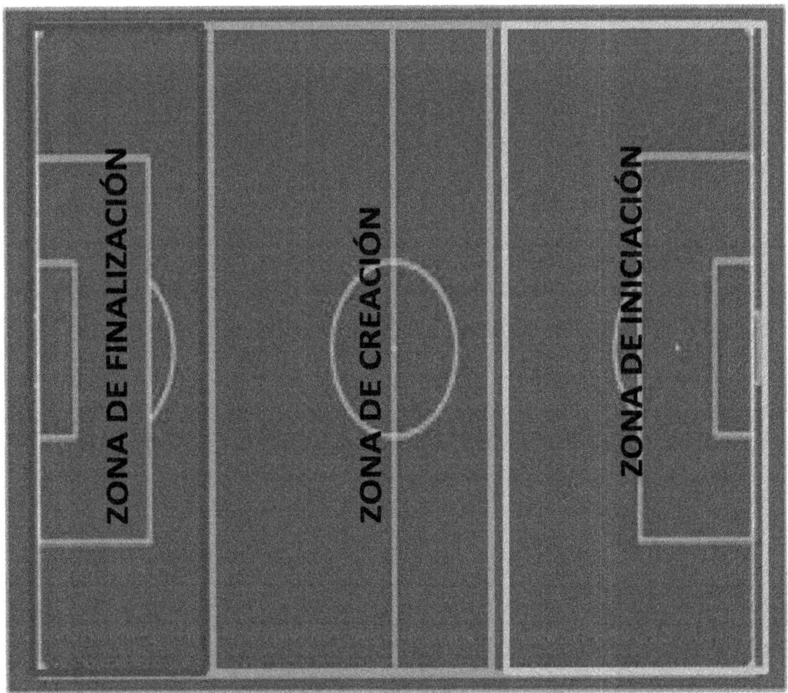

Imagen. Momentos del juego para el diseño del modelo de juego.

La especificidad del puesto:

Todos los objetivos y contenidos serán trabajados bajo la posición específica y el modelo de juego determinando por el club independientemente de la categoría de formación. En cuanto a la posición específica del jugador, tendrá pequeños matices según la categoría. Estos matices son producidos para mejorar el proceso de aprendizaje del jugador.

- **Desde sub 8 hasta sub 12:** no hay puesto específico definido, si bien todos tendrán un perfil de posicionamiento en el campo, se alternarán dichas posiciones, es decir en un partido un delantero podrá y deberá (según la situación del partido) jugar de defensa. En los entrenamientos deberán pasar por diferentes posiciones.

- **Desde sub 13 hasta sub 14**: se empieza a definir el puesto específico, pero aún puede haber pequeñas variaciones y se deberá de entrenar y jugar con eso. Un delantero puede actuar de media punta y viceversa, o un interior de lateral y viceversa.

- **Desde sub 15 hasta Filial**: se define el puesto específico del jugador y en las primeras etapas habrá también una demarcación secundaria que el jugador podrá completar tanto en partidos como en entrenamientos.

EL PROCESO ENSEÑANZA-APRENDIZAJE

¿Qué es el aprendizaje?

El aprendizaje podríamos definirlo como el proceso por el cual se adquieren nuevas habilidades, valores, destrezas, conocimientos o conductas como resultado del estudio, la experiencia, la instrucción, el razonamiento o análisis y la observación.

Leyes que rigen el aprendizaje:

Leyes del aprendizaje según Thorndike (1906):

- *Ley de la preparación*: cuando una tendencia a la acción es activada mediante ajustes, disposiciones y actitudes preparatorias, etc. El cumplimiento de la tendencia a la acción resulta satisfactorio y el incumplimiento molesto. Por lo tanto este ley indica la importancia de la actitud y predisposición (preparación para) para actuar o en este caso aprender.

- *Ley del ejercicio*: las conexiones se fortalecen mediante la práctica (ley del uso) y se debilitan u olvidan cuando la práctica se interrumpe (ley del desuso). La fortaleza de un hábito o conexión se define entonces a partir de la probabilidad de su aparición.

- *Ley del efecto*: que una conexión se fortalezca o debilite depende de sus consecuencias. Una conexión se fortalece si va acompañada de un estado satisfactorio. Si no, se debilita. Lo satisfactorio o lo no satisfactorio se mide a partir de la conducta observable, o sea si el sujeto persiste en buscar ese estado de cosas o no. Las recompensas fomentan el aprendizaje de conductas recompensadas y los castigos o molestias reducen la tendencia a repetir conducta que llevó a ellos.

Para completar estas leyes utilizaremos las referencias de Thiagarajan, Semmel, & Semmel (1974):

- Ley del aprendizaje emocional: eventos acompañados por emociones resultan en aprendizajes duraderos.

- Ley de la experiencia previa: el nuevo aprendizaje debe ser relacionado y construido sobre las experiencias del que aprende.

- Ley del aprendizaje activo: la respuesta activa y acción produce un aprendizaje más efectivo que la escucha o lectura pasiva.

- Ley de las diferencias individuales: las personas aprenden de manera diferente

Una metodología común para construir el proceso de enseñanza-aprendizaje

Cuando hablamos de metodología se nos viene a la cabeza muchas preguntas, en una palabra que está últimamente muy de moda pero que no se orienta al proceso de entrenamiento con claridad.

Metodología es una palabra compuesta por tres palabras de origen griego:

- Meta: más allá
- Odós: camino
- Logros: estudio

Por lo tanto lo podríamos sintetizar como el estudio del camino para conseguir un objetivo, que traducido al proceso de formación de los jóvenes jugadores de fútbol quedaría definido como: "La construcción del proceso de enseñanza-aprendizaje para conseguir futbolistas de élite"

Siguiendo a Bruggemant & Albrecht (1996) existen dos conceptos del proceso de enseñanza durante el entrenamiento: una primera en la que el proceso de entrenamiento es la suma de procedimientos técnicos, tácticos, físicos y psicológicos aislados, lo que conllevaría a que durante una primera fase se intentarían adquirir los procedimientos técnicos, durante una segunda fase los tácticos etc.

El otro concepto que proponen dichos autores es la concepción global del juego, entendiendo este como un todo, en el que para entenderlo y comprenderlo no se pueden separar los procedimientos técnicos, tácticos, físicos y psicológicos, sino que estos aparecen indivisiblemente y de diferente forma en situaciones reales de juego. Esta segunda concepción tiene el fin de establecer una didáctica donde los contenidos técnico-tácticos son los predominantes.

Como bien indica Fradua (1993), podemos establecer tres mecanismos importantes y que se reflejan perfectamente en el siguiente cuadro.

Percepción	Decisión	Ejecución
• Procedimiento de origen táctico • ¿Qué información he recogido antes de recibir el balón?	• Procedimiento de origen táctico • ¿Qué hacer con el balón?	• Procedimientode orgien técnico • ¿Como hacerlo?

Esquema III. Mecanismos cognitivos del jugador.

Las nuevas tendencias y corrientes basadas que estudian la percepción del comportamiento humano y el aprendizaje, las cuales están basadas en paradigmas ecológicos proponen una nueva evolución de la concepción del proceso de acción del deportista. Estas nuevas perspectivas basadas en las teorías de Gibson, nos indican que el mecanismo de acción está basado en un ciclo de percepción-acción, donde el deportista experimenta diferentes posibilidades de acción según su acceso al entorno, produciéndose una constante fluctuación entre el deportista-entorno. Por lo tanto, el entrenamiento consistirá en intentar modificar las condiciones del entorno o la tarea para provocar nuevos comportamientos o explorar nuevas posibilidades de acción, basadas en el constreñimientos de los elementos del contexto de aprendizaje.

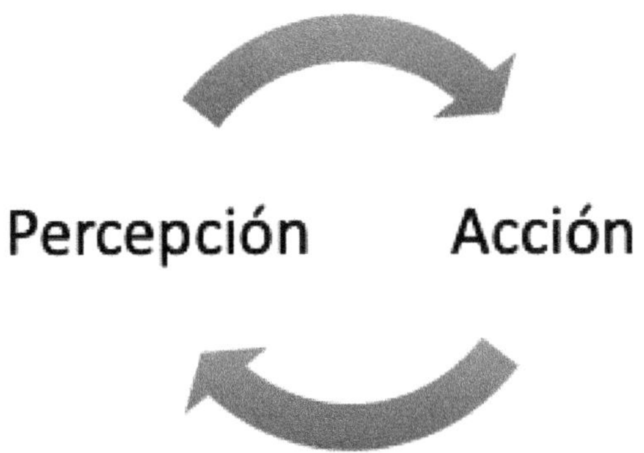

Esquema IV. Ciclo percepción-acción del deportista-entorno.

Una vez que conocemos la naturaleza del juego y los comportamientos que se dan, pasamos a construir las fases del modelo de enseñanza durante el entrenamiento.

Este modelo se podría empezar a construir con el fin de establecer cómo enseñar y planificar como llevarlo a cabo. Siguiendo a Garganta y Pinto (1997) podemos citar 5 aspectos en la fase de formación del jugador de fútbol.

Fase 1 construir la relación con el balón

Durante esta fase se pretende crear las bases mínimas para establecer una relación y un dominio del jugador con el balón que posteriormente le permita desarrollar aspectos más complejos del juego.

Fase 2 construir la presencia de metas

Donde no solo aparecen las porterías o el gol como objetivo directo sino que aparece la circulación del balón, la amplitud, la profundidad como objetivo indirecto.

Fase 3 construir la presencia del adversario

Aparece la oposición directa con el adversario, estableciendo duelos de 1x1, 2x1 y 2x2 especialmente.

Fase 4 construir la presencia de los compañeros y adversarios

En esta fase se pasa del juego individual al juego colectivo, en situaciones y contextos más amplios partiendo de 3x2.

Fase 5 construir las nociones de espacio y tiempo

Durante esta última fase llevar todo lo anterior a situaciones reales de juego para que se produzcan las mayores adaptaciones espacio-temporales.

Teniendo en cuenta que este proceso es muy genérico y proyectado para ser realizado a largo plazo, podemos "traducirlo" de una forma más concreta y en una estructura de sesión de tal forma que quede así determinado:

Parte inicial

- Objetivo principal: el niño y su cuerpo (dominio motriz del contexto)
- Objetivo secundario: el niño y el balón

Parte principal

- Objetivo Principal: El niño, adversarios y compañeros
- Objetivo secundario: el niño y el balón y su cuerpo.
- Objetivo Principal: Grupo 1 vs Grupo 2
- Objetivo secundario: el niño y el balón, adversarios y compañeros

Parte final

- Objetivo principal: el niño y su cuerpo

En esta interesante metodología de aprendizaje que propone Garganta, J. podemos observar que hay dos tipos de tareas:

- Las tareas de grupo: entendemos las tareas de grupo como aquellas en la que participan dos grandes grupos con el fin de conseguir un objetivo.

- Las tareas no grupales: entendemos las tareas no grupales como aquellas que parcializan los componentes de la lógica interna del juego, como puede ser el balón y el niño ó el niño, el balón y el adversario etc.

En nuestro modelo de formación vamos a proponer una metodología basada en partir siempre de la máxima realidad y especificidad del deporte para producir los aprendizajes deseados. Esta metodología es la llamada "Metodología de reloj de arena" y está compuesta por diferentes partes como muestra el siguiente gráfico.

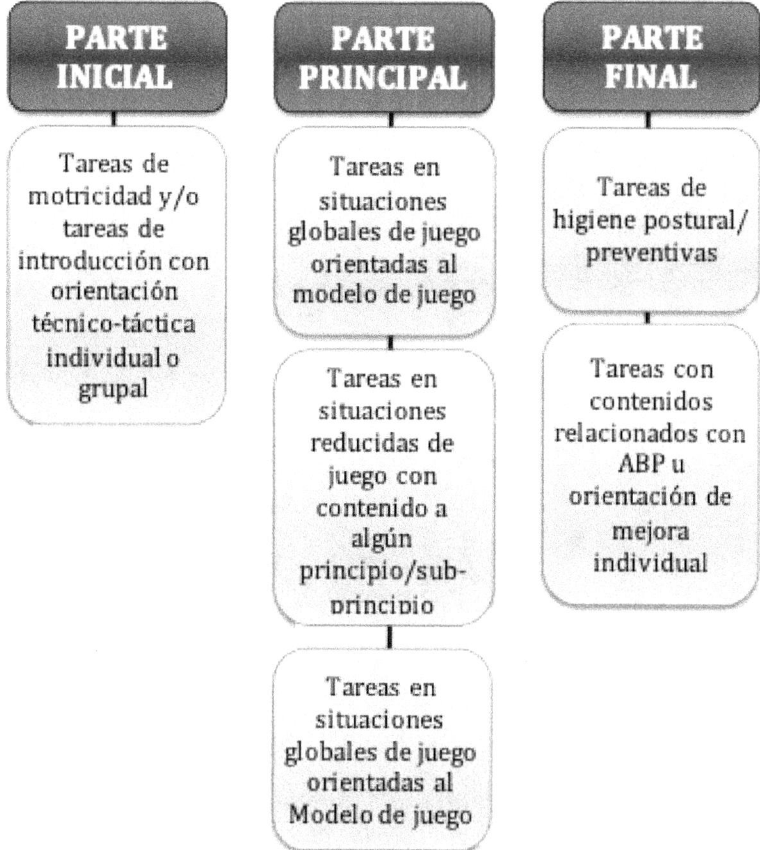

Esquema V. Estructura de sesión "reloj de arena". Tipo 2

Este será el modelo utilizado preferentemente desde sub 8 hasta sub 14, inclusive. Posteriormente a partir de sub 15 cuando se empieza a buscar mayor rendimiento, podremos alternar y jugar con la dinámica de tareas para producir las adaptaciones establecidas y los aprendizajes deseados, pero orientados ya a un rendimiento en competición.

Como segundo tipo de sesión encontraremos las sesiones tipo refuerzo, que serán aquellas que nos ayudarán a reforzar los conceptos del modelo de juego, restándole complejidad al entrenamiento y en situaciones más reducidas, para provocar mayor número de repeticiones.

Esquema VI. Estructura de sesión tipo refuerzo (el orden de las tareas no está establecido, primero podremos utilizar situaciones reducidas o tareas grupales según el tipo de microcíclo, general o específico)

Es fundamental incidir que este modelo de sesión es estándar y que puede ser variado según las necesidades del grupo y de los jugadores, así como según la etapa de formación del jugador.

De modo orientativo el contenido fundamental según las categorías serán las siguientes:

Sub 8 hasta sub 12
PARTE INICIAL
Tareas motrices + tareas de contenido motriz en situaciones abiertas y con estímulos perturbadores.
PARTE PRINCIPAL
Las tareas son de contenido elementos técnico-tácticos individuales, colectivos + equipo= orientadas a los principios y subprincipios del modelo de juego.
PARTE FINAL
Tareas de contenido elementos técnico-tácticos individuales con inespecificidad.

Sub 13 y sub 14
PARTE INICIAL
Tareas motrices + técnico-tácticas = tareas de contenido motriz en situaciones abiertas y con estímulos perturbadores + aspectos de prevención de lesiones + situaciones técnico-tácticas
PARTE PRINCIPAL
Las tareas son de contenido elementos técnico-tácticos individuales < orientadas a los principios y subprincipios del modelo de juego.
PARTE FINAL
Tareas de prevención de lesiones

A partir de sub 15
PARTE PRINCIPAL
Tareas preventivas + tareas de calentamiento de orientación técnico-tácticas individual o grupales.
PARTE PRINCIPAL
Las tareas son orientadas totalmente a los principios y subprincipios del modelo de juego
PARTE FINAL
Tareas de prevención de lesiones

¿Qué vamos a enseñar y que van a aprender?

"Si me lo cuentas lo olvido, si me lo explicas lo recuerdo,
si me involucras lo aprendo"

Uno de los aspectos más importantes en el momento de construir nuestro proceso de enseñanza-aprendizaje es tener claro los aspectos básicos que se van a tratar y que nuestros jugadores tienen que adquirir de forma básica.

Hay que remarcar que este proceso debe basarse en aspectos metacognitivos y que el jugador aprenda a aprender:

- Que el jugador sea consciente y sepa de antemano cuales son sus objetivos y contenidos, tanto de etapa como durante la sesión y la tarea.

- Que el entrenador sepa transmitir estos contenidos y objetivos involucrando siempre al jugador en dicho proceso (el jugador es consciente del PARA QUÉ y COMO).

- Instaurar un pensamiento crítico y reflexivo en el jugador mediante el continuo análisis de sus errores y aciertos (el jugador es consciente del POR QUÉ).

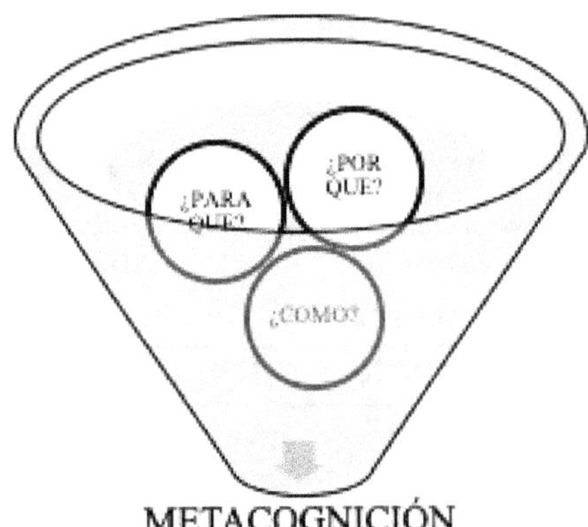

Esquema VII. La Meta-cognición fundamental en el proceso de enseñanza-aprendizaje.

A continuación mostraremos todos los contenidos de proceso enseñanza-aprendizaje.

¿Qué tipo de jugadores queremos desarrollar?

Estableciendo una relación inversamente proporcional a la construcción de nuestro modelo de juego, vamos a establecer que tipo de jugadores queremos formar y para que queremos formar este tipo de jugadores. Podemos encontrar muchos clubes cuyo único objetivo es fichar los mejores jugadores de cada categoría, pero sin establecer claramente que tipo de jugadores quieren en su modelo de formación. Este error puede llevarnos a un camino de confusión tanto en nuestros programas y procesos de captación como en nuestro modelo de desarrollo de jugadores. Por eso nosotros establecemos un perfil de jugador del cual podemos cumplir nuestro principal objetivo, que no es otro que el de buscar y desarrollar jugadores que tengan una gran capacidad de interpretación del juego. Jugadores inteligentes que sepan comprender en todo momento que está pasando durante el partido y como resolver los problemas que plantea este.

Por lo tanto como mostramos en el siguiente gráfico, la formación de nuestros jugadores tendría también la estructura de una casa, estableciéndose las siguientes partes:

- CIMENTACIÓN: serían los principios generales del juego, comprender esos principios generales del juego, para que sirven, por qué y para qué lo utilizamos y en que fases y subfases lo aplicamos.

- ESTRUCTURA: los elementos del juego, tanto individuales como colectivos, que darán soportes a esos principios generales del juego y que nos ayudarán a construir posteriormente los subprincipios de nuestro modelo de juego.

- INSTALACIÓN: modelo de juego, con todos los elementos que los constituye. El jugador estará formado para llevar a cabo todos los principios del juego y subprincipios del mismo en sus diferentes fases y sus fases. Ahora tanto solo tiene que ser un especialista en aplicarlos en competición.

→ Desarrollar la inteligencia en el juego

→ Desarrollar las aptitudes motrices y técnicas.

→ Adquirir una buena condición física como base

→ Promover los valores humanos

→ Potenciar la importancia de tener una visión académica

Este desarrollo del jugador no tiene solo como carácter importante el desarrollo de la inteligencia en el juego y los aspectos motrices o técnicos, sino que se puede completar potenciando la estructura muscular para desarrollar deportistas que tengan índices lesiónales lo más bajos posibles, con dos objetivos fundamentales:

- Tener la mayor horas de práctica posible, tanto en competición como en entrenamientos,
- Mejorar la salud del jugador.

Para conseguir una formación integral del futbolista le daremos gran importancia a dos aspectos:

Valores humanos:

Estos valores deberán de ser interiorizados como parte de la personalidad del jugador. En tener jugadores que sean buenas personas, con valores que le permitan integrarse con facilidad en la sociedad nos permitirá tener mayor éxito en la consecución de los objetivos formativos deportivos.

Formación académica:

Tenemos que intentar que nuestros jugadores tengan la mejor formación académica posible, por eso siempre estaremos pendiente de esta parcela, incluso ya no solo ayudar a los jugadores que más trabajo le cueste tener rendimiento académico, sino recompensando también a aquellos jugadores que son capaces de manifestar un buen rendimiento académico.

Tener jugadores formados académicamente nos permitirá tener personas inteligentes, con cultura y carácter reflexivo, características muy importantes que nos ayudarán a una mejor formación del jugador e incluso a poder compartir aprendizajes mutuos.

El proceso de formación de nuestros jugadores tendrá un carácter integral, desde la base hasta los años próximos a categorías no formativas. Evidentemente cada etapa y edad formativa tiene sus matices, ya que a un juvenil de último año no se le puede exigir lo mismo que a un deportista de 12 años en temas académicos, ya que este acumula más horas de entrenamiento y está cerca de jugar en categorías que no son de formación. Pero aún así todos los jugadores tienen que tener un nivel mínimo de estudios y siempre apoyarse en una formación continua. Por ejemplo a un jugador en edad juvenil que sabemos que no tiene buena capacidad para estudiar, no podemos exigirle ir a la universidad, pero si le exigiremos que tenga una formación no universitaria como pueden ser los módulos de formación, donde si le exigiremos que se forme. En cambio a un chaval que tiene buenos hábitos de estudios y que tiene buenos resultados en este ámbito le animares y recompensaremos este ESFUERZO con reconocimiento e incluso pagando parte o la totalidad de sus estudios universitarios, o aportándole cursos de inglés, carnet de conducir etc.

Dentro de nuestro proceso de formación hay que tener en cuenta los **valores y actitudes** que representan a nuestra identidad como club.

Estos valores y actitudes son:

- Compañerismo
- Nobleza
- Constancia
- Valentía
- Humildad

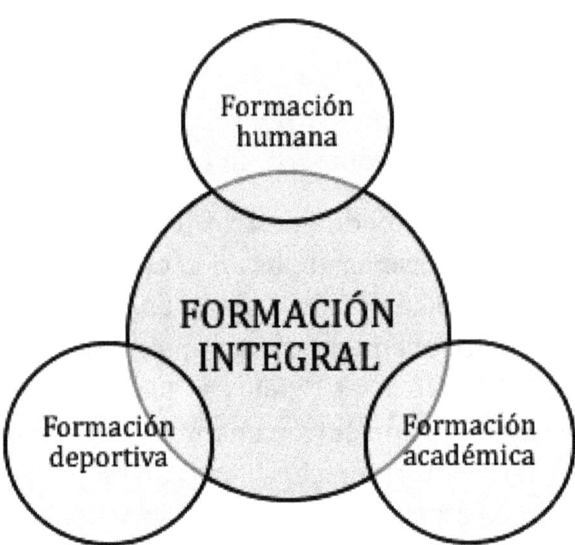

Esquema VIII. Interacción de la partes que componen la formación integral del deportista.

En las siguientes páginas se establecerán los contenidos de trabajo del programa formativo, para posteriormente establecer estos contenidos de trabajo por etapas y edades formativas. Es importante recalcar que la planificación de contenidos que se proponen a continuación son una guía básica. Toda planificación es flexible y será dependiente del nivel de los jugadores.

Contenido metodológico desde sub 8 hasta sub 14					
COMPRENSIÓN DE LOS PRINCIPIOS DEL JUEGO					
Ofensivos			**Defensivos**		
Subfases o momentos del juego	**Elementos técnico-táctico individuales**	**Elementos técnico-tácticos grupales**	**Principios del juego**	**Elementos técnico-táctico individuales**	**Elementos técnico-tácticos grupales**
Inicio (relacionado con mantener la posesión del balón)	*Pase *Control *Dominio de balón /cobertura técnica *Conducción	*Amplitud *Creación y ocupación de espacios libres *Apoyos *Desmarques *Control del juego	Inicio (Robar/evitar mantener la posesión del balón)	*Entrada *Carga *Interceptación *Anticipación	*Marcaje *Pressing
Creación (relacionado con progresar)	*Pase *Control *Conducción *Regate	*Amplitud *Profundidad *Creación y ocupación de espacios libres *Apoyos *Desmarques *Desdoblamientos *Paredes *Cambios de orientación *Ritmo de juego *Velocidad en el juego	Creación (Evitar la progresión hacia mi portería)	*Entrada *Carga * Interceptación *Anticipación *Despeje	*Basculaciones *Coberturas *Permutas *Vigilancias *Ayudas permanentes *Marcaje *Temporización *Desdoblamiento defensivo *Aplicación del fuera de juego
Finalización (relacionado con finalizar)	*Tiro *Remate	*Creación y ocupación de espacios libres *Desmarques	Finalización (Evitar la finalización)	*Entrada *Despeje	*Marcaje *Ayudas permanentes *Coberturas

Contenido metodológico desde sub 16 hasta Filial/sub20					
MODELO DE JUEGO					
Ofensivas			**Defensivas**		
Principios del juego	**Subprincipios en fase de ataque organizado**	**Subprincipios en Fase de transición defensa-ataque**	**Principios del juego**	**Subprincipios en fase de defensa**	**Subprincipios en Fase de transición ataque-defensa**
Intencionalidad en la posesión del balón			Robar/evitar mantener la posesión del balón		
Progresar hacia la portería rival			Evitar la progresión hacia mi portería		
Finalización			Evitar la finalización		

LOS PRINCIPIOS DEL JUEGO Y SUS ASPECTOS A INCIDIR

Cuando hablamos de principios del juego nos referimos a "las ideas fundamentales y básicas que componen el juego y se desarrollan en él".

Hay que tener claro la base del juego para después desarrollarlo en un modelo de formación con el fin de construir con precisión el proceso de enseñanza-aprendizaje.

A continuación vamos a definir cada uno de los principios y que buscamos mediante estos principios. Entender estos aspectos será fundamental para que nuestros jugadores comprendan en su totalidad el juego.

PRINCIPIOS OFENSIVOS:

Inicio:

¿Qué pretendemos?

- Poseer el balón para poder llevar la iniciativa en el juego o en el posterior ataque.
- Buscar tiempo o el momento para progresar

¿Cómo lo hacemos?

- Creando superioridades numéricas
- Ocupando racionalmente el terreno de juego
- Juego fácil
- Circulación de balón
- Mediante los elementos técnico-tácticos individuales y grupales

¿Cuándo?

- Momentos de iniciativa en el juego
- Tras recuperación del balón

Creación/desarrollo:

¿Qué pretendemos?

- Buscar zonas de progresión:
  - Interior de la zona de creación
  - Exterior (bandas) de la zona de creación
  - Zona de finalización

¿Cómo lo hacemos?

- Creando superioridades numéricas en zonas de creación (movilidad y cobertura ofensiva)
- Buscando espacios entrelineas
- Alternando juego vertical con juego horizontal
- Penetrar en el espacio
- Mediante elementos técnico-tácticos individuales y grupales

¿Cuándo lo hacemos?

- Jugador con balón:
  - Cuando hay espacio y poca o nula oposición
- Jugador sin balón:
  - Cuando haya espacios de creación

Finalización:

¿Qué pretendemos?

- Crear ocasiones de gol
- Marcar gol

¿Cómo lo hacemos?

- Ocupando zonas de finalización (zona del área y llegadas de 2º línea)
- Verticalidad
- Buscando ángulos de tiro (situaciones favorables para finalizar)

- Llegando a zonas de rechace
- Mediante elementos técnico-tácticos individuales y grupales

¿Cuándo lo hacemos?

- Cuando nos encontremos en zona de finalización
- Cuando haya ángulo de tiro
- Cuando tenga capacidad para realizar el tiro y exista el momento para hacerlo

PRINCIPIOS DEFENSIVOS

Inicio:

¿Qué pretendemos?

- Hacernos con la posesión del balón para construir nuestro ataque provocando errores del contrario.
- Evitar que el contrario empiece a construir su ataque

¿Cómo lo hacemos?

- Ocupando racionalmente el espacio defensivo
- Llevando el balón hacia zonas de banda
- Haciendo presencia insistente en el rival
- Crear superioridades numéricas defensivas
- Mediante elementos técnico-tácticos individuales y grupales

¿Cuándo lo hacemos?

- En los primeros instantes de nuestra fase defensiva
- Cuando el rival realiza una acción de pase, conducción o control defectuoso.

Creación/desarrollo:

¿Qué pretendemos?

- Evitar la penetración de nuestro contrario hacia zonas de peligro
- Tapar espacios para dicha penetración

¿Cómo lo hacemos?

- Colocando las líneas por detrás de la línea del balón
- Cerrando líneas de pases
- Cerrando los espacios de penetración
- Creando superioridades numéricas defensivas o al menos intentando no estar en inferioridad.

¿Cuándo lo hacemos?

- Cuando no podemos arrebatar la posesión del balón en el inicio del ataque del equipo contrario.
- Cuando hayan pasado nuestra primera línea defensiva.

Finalización:

¿Qué pretendemos?

- Evitar situaciones favorables de gol
- Evitar el gol

¿Cómo lo hacemos?

- Tapando ángulos de portería y zonas de remate
- Cerrar zonas de rechaces
- Llevando al contrario a zonas incómodas de tiro o remate

¿Cuándo lo hacemos?

- Cuando nuestro rival está en posesión del balón en zona de finalización

ELEMENTOS TÉCNICO-TÁCTICOS Y ASPECTOS A INCIDIR

Para los contenidos de trabajo relacionados en las primeras etapas formativas, se establecerán a partir de los elementos o medios técnico-tácticos, como ofensivos como defensivos.

Elementos técnico-tácticos individuales ofensivos:

PASE:

- Creatividad
    - Pases en espacios más amplios
    - Pases en espacios más pequeños
    - Recalcar que se deben de hacer en ciertas zonas para crear ventaja en nuestro juego
- Zona de contacto de seguridad
    - Golpeo predominante de interior (golpeo aprovechando palanca de fuerza. La palanca marca la dirección)
    - Dar seguridad al compañero, no lo meto en compromisos
- Conciencia del pase
    - Trasmitir la importancia del pase en nuestro juego
- Golpear y no empujar
    - Golpeo la pelota, con intencionalidad
    - Armo bien la pierna (recorrido)
- Diferentes longitudes
    - Cortas
    - Medias
    - Largas
- Pase al primer contacto
    - El balón tiene que llegar bien, en las mejores condiciones (no fuerte).
    - Herramienta que nos permite dar velocidad al juego
- Lateralidad
    - Adquirir confianza con la pierna menos dominante

- Intencionalidad con la pierna menos dominante
- Busco eficacia con la pierna menos dominante (siempre se premia la intencionalidad no la eficacia)

- Concepto
  - Explicación del pase como herramienta en el juego
  - Exploración en el medio

- Pase según características del compañero
  - Espacio de juego
  - Pierna dominante

- Manejo del tiempo
  - Doy tiempo para obtener una línea de pases
  - Búsqueda de soluciones alternas (juego hacia el portero o juego hacia atrás)
  - Mantengo el dominio del balón utilizando más contactos

- Último pase
  - Búsqueda del espacio (tengo poco en cuenta el fuera de juego)
  - Búsqueda del espacio/compañero (tengo en cuenta el fuera de juego)
  - Búsqueda del espacio/compañero/tiempo (tengo en cuenta el fuera de juego)

CONTROL:

- Concepto
  - Explicación del control como herramienta en el juego
  - No se levanta la pelota del suelo

- Control orientado
  - Salida del balón

- Predisposición para recibir
  - Activación previa al control
  - La quiero, busco el balón con el lenguaje corporal
  - La quiero, busco el balón con el lenguaje corporal y el lengua verbal

- Creatividad
    - Variedad de controles
    - Controles en espacios más pequeños
    - Controles en espacio más amplios
- Perfil/orientación antes de recibir
    - Antes de recibir busco orientación hacia donde quiero jugar
    - Posición corporal de perfil
- Percibir antes de recibir
    - Observar si el jugador ha visualizador el entorno antes de recibir (compañeros y rival)
- Recepción desde diferentes distancias
    - Cortas
    - Medias
    - Largas
- Lateralidad
    - Adquirir confianza con la pierna menos dominante
    - Intencionalidad en el control con la pierna menos dominante
    - Eficacia pierna menos dominante

DOMINIO DE BALÓN/COBERTURA TÉCNICA

- Concepto:
    - Explicación de la importancia del dominio del balón como herramienta en el juego
- Visión periférica
    - Mirada en búsqueda de soluciones
- Lateralidad:
    - Adquirir confianza con la pierna menos dominante
    - Intencionalidad con la pierna menos dominante
    - Busco eficacia con la pierna menos dominante

- Situaciones de juego de espalda con oposición
  - Control del balón
  - Acción del centro de gravedad
  - Acción de los brazos
  - Busco el lado contrario al que me realiza la entrada el rival
- Competitividad
  - Acciones en las que haya que proteger el balón al máximo

TIRO

- Concepto:
  - Explicación de la importancia del dominio del balón como herramienta en el juego
- Diferentes distancias:
  - Corta
  - Media
  - Larga
- Percepción del entorno portero-portería
  - Colocación del portero (mirar el espacio libre no le pego por pegar)
  - Búsqueda de zonas de gol
- Creatividad
- Lateralidad
  - Adquirir confianza con la pierna menos dominante
  - Intencionalidad con la pierna menos dominante
  - Busco eficacia con la pierna menos dominante
- 1X1
  - Colocación/inclinación del portero
  - Búsqueda del espacio libre portería
  - Zonas de gol
- Rechaces
  - o Concentración hasta el final de la jugada

- Búsqueda de zonas de rechace
- Prever el rechace

- Competitividad
    - Mentalidad de gol
    - No perdono, busco el gol

REMATE

- Distancias de remate
    - Cercanas a portería
    - Menos cercanas a portería

- Diferentes alturas
    - Rasos
    - Altos/media altura
    - Búsqueda del balón, no lo espero (no estoy estático)
    - Realizar control previo si hace falta

- Creatividad
    - Diferentes superficies

- Remate de cabeza
    - Percibo portería-portero
    - Ataco el balón
    - Contacto con superficie adecuada

- Percepción entorno portería-portero
    - Colocación del portero
    - Búsqueda zonas de gol

- Temporización del remate
    - Llego al sitio, no estoy en el sitio
    - Cambio de ritmo/aceleración
    - Concentración

- Lateralidad
    - Adquirir confianza con la pierna menos dominante
    - Intencionalidad con la pierna menos dominante
    - Busco eficacia con la pierna menos dominante

CONDUCCIÓN

- Concepto
- Diferentes direcciones y ángulos de movimiento
- Lateralidad
- Cambio de ritmo
  - Búsqueda de espacios de progresión
- Lateralidad
  - Adquirir confianza con la pierna menos dominante
  - Intencionalidad con la pierna menos dominante
  - Busco eficacia con la pierna menos dominante

REGATE

- Concepto
- Diferentes direcciones y ángulos de movimiento
- Creatividad
- Amago/finta
- Cambio de ritmo
  - Búsqueda de espacios de progresión
  - Lateralidad
  - Adquirir confianza con la pierna menos dominante
  - Intencionalidad con la pierna menos dominante
  - Busco eficacia con la pierna menos dominante

Elementos técnico-tácticos individuales defensivos:

ENTRADA

- Concepto
- Lateralidad
  - Adquirir confianza con la pierna menos dominante
  - Intencionalidad con la pierna menos dominante
  - Busco eficacia con la pierna menos dominante
- Temporización antes de realizar la entrada

- Me planto delante del rival y temporizo con un solo perfil de apoyo
- Me planto delante del rival y temporizo con doble perfil de apoyo
- Lo intento engañar (amagos)

- Prever la acción del rival
  - Realizar acción cuando el rival falla en su acción técnico-táctica

- Competitividad
  - Ser contundente

- Situaciones de 1x1
  - Zonas de riesgo
  - Zonas de no riesgo

- Jugador de espalda

- Perfil
  - Observo cual es su pierna dominante
  - Le doy salida a la banda (zonas de no peligro)

ANTICIPACIÓN

- Concepto
- Prever la acción del compañero
- Prever la acción del rival

INTERCEPTACIÓN

- Concepto
- Lateralidad
- Acción corporal:
  - Utilización de los brazos
  - Ganar posición
- Interceptación + acción
- Interceptación para poseer el balón

DESPEJE

- Concepto
  - ¿Cuándo despejo?
- Diferentes distancias
  - Cortas
  - Medias
  - Largas
- Dirección del despeje
  - Orientación hacia zonas de no peligro
- Diferentes superficies de contacto

CARGA

- Concepto
  - Lo primero de todo el balón
- Acción corporal
  - Acción centro de gravedad
  - Ganar posición
- Competitividad

Elementos técnico-tácticos grupales ofensivos

DESMARQUES

- Concepto
- Desmarques de apoyo
- Desmarques de ruptura
- Provocación de espacios
  - Movimientos para provocar espacios libres
  - Líneas de pases
- Comunicación
  - Pedir el balón verbal y gestualmente
- Generar dudas/incertidumbre en el defensa

- Finta previa

PAREDES

- Concepto

APOYOS

- Concepto
- Ocupación y creación de espacios:
  - No me hecho encima del compañero
  - Doy ángulo para recibir
  - Ofrezco línea de pase
- Coberturas ofensivas

Nota importante:

En las siguientes páginas detallaremos todos los elementos técnico-tácticos mencionados anteriormente y sus pautas a observar por categoría de formación.

Es evidente que todo planificación es flexible y que los contenidos de aprendizaje no marcarán el estilo de juego ni el modelo de juego. Por ejemplo si nuestro modelo de juego significa recuperar el balón en zonas de iniciación del rival mediante el pressing esto se hará desde el primer equipo hasta el último (siempre con sus premisas) pero por ejemplo el sub 8 no entra dentro de su planificación de aprendizaje dicho concepto.

Es simplemente una línea de trabajo a seguir para establecer objetivos y metas formativas para los jugadores .

Todo será adaptado al nivel del grupo y de los jugadores, intentando adaptar en la medida de lo posible el contenido de aprendizaje al jugador, con esto se quiere decir que si tenemos jugadores de mayor nivel técnico-táctico que otro en nuestros equipos, siempre hay que intentar que dichos jugadores desarrollen sus comportamientos en situaciones ligeramente más complejas que el resto.

Aplicación de objetivos y contenidos al modelo de juego

Desarrollo técnico-táctico según el modelo de juego y el sistema de juego desde sub 16-sub 20	Fases del juego ofensivas	Movimientos, evoluciones y situaciones reales de juego
		Llegadas
		Aplicaciones por líneas
		Aplicaciones por zonas
	Fases del juego defensiva	Movimientos, evoluciones y situaciones reales de juego
		Aplicaciones por líneas
		Aplicaciones por zonas

Desarrollo técnico-táctico según el modelo de juego y el sistema de juego desde sub 8-sub 15	Ataque	Movimientos, evoluciones y situaciones reales de juego
		Llegadas
		Aplicaciones por líneas
		Aplicaciones por zonas
	Defensa	Movimientos, evoluciones y situaciones reales de juego
		Aplicaciones por líneas
		Aplicaciones por zonas

Zonas del campo donde llevar a cabo los elementos técnico-tácticos individuales y grupales

Campo 1. T-T INDV OFE
Campo 2. T-T INDV DEF
Campo 3. T-T GRUP OFE
Campo 4. T-T GRUP DEF

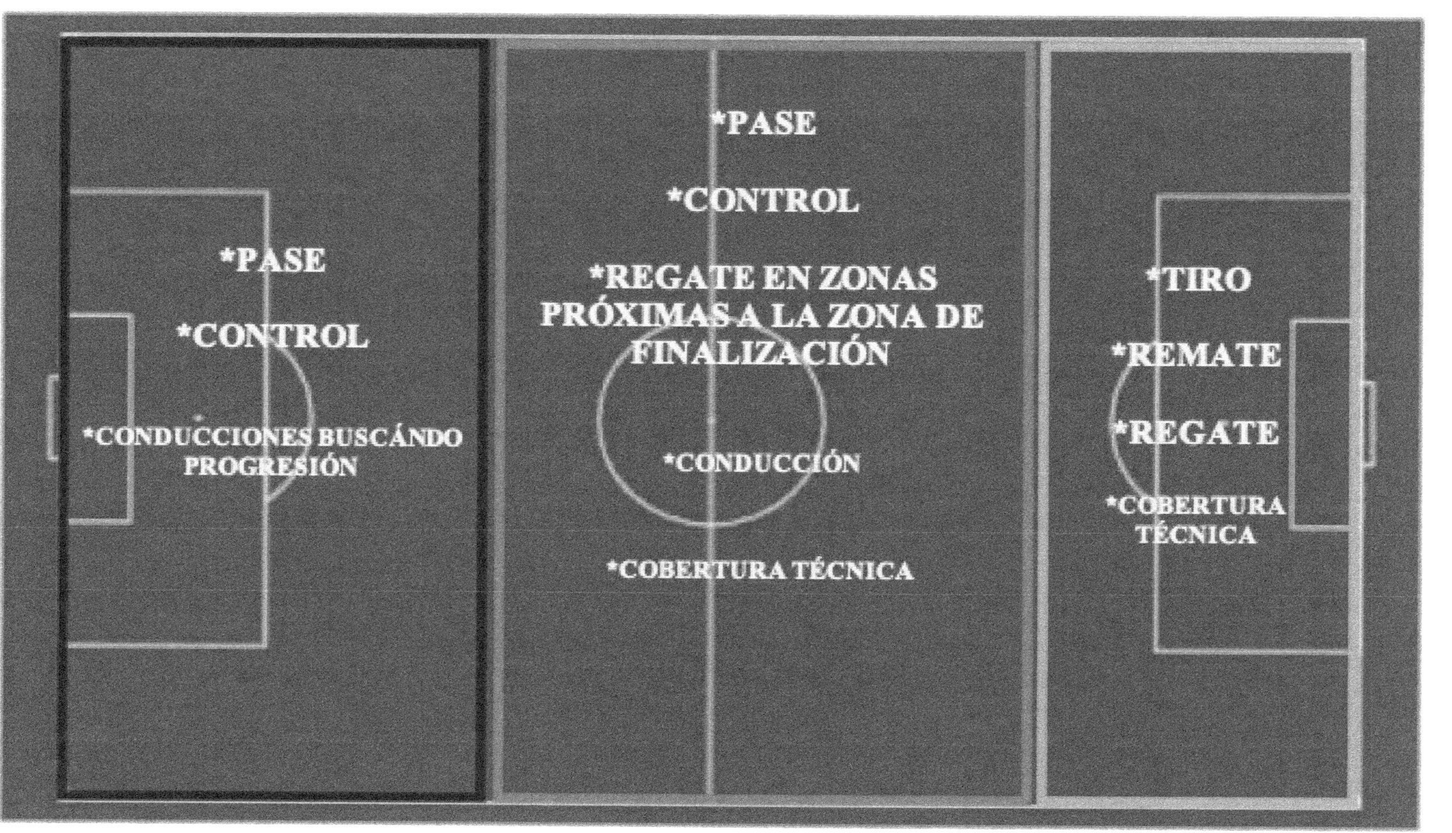
*PASE
*CONTROL
*CONDUCCIONES BUSCÁNDO PROGRESIÓN
*PASE
*CONTROL
*REGATE EN ZONAS PRÓXIMAS A LA ZONA DE FINALIZACIÓN
*CONDUCCIÓN
*COBERTURA TÉCNICA
*TIRO
*REMATE
*REGATE
*COBERTURA TÉCNICA

*ENTRADA
*DESPEJE
*INTERCEPTACIÓN
*ANTICIPACIÓN
*CARGA
*ANTICIPACIÓN
*INTERCEPTACIÓN
*CARGA
*ENTRADA
*ENTRADA
*
ANTICIPACIÓN
*CARGA

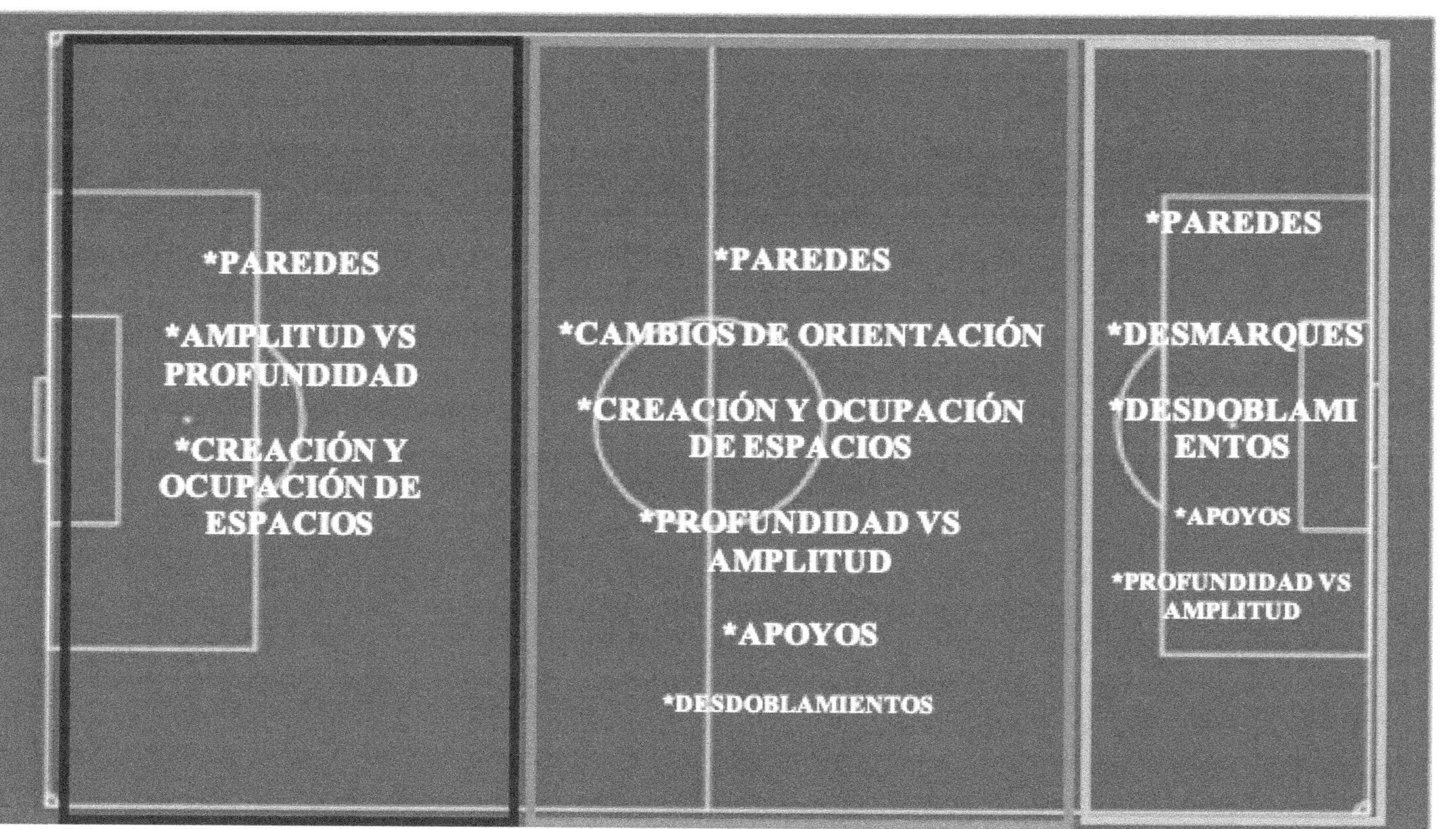
*PAREDES
*AMPLITUD VS PROFUNDIDAD
*CREACIÓN Y OCUPACIÓN DE ESPACIOS
*PAREDES
*CAMBIOS DE ORIENTACIÓN
*CREACIÓN Y OCUPACIÓN DE ESPACIOS
*PROFUNDIDAD VS AMPLITUD
*APOYOS
*DESDOBLAMIENTOS
*PAREDES
*DESMARQUES
*DESDOBLAMIENTOS
*APOYOS
*PROFUNDIDAD VS AMPLITUD

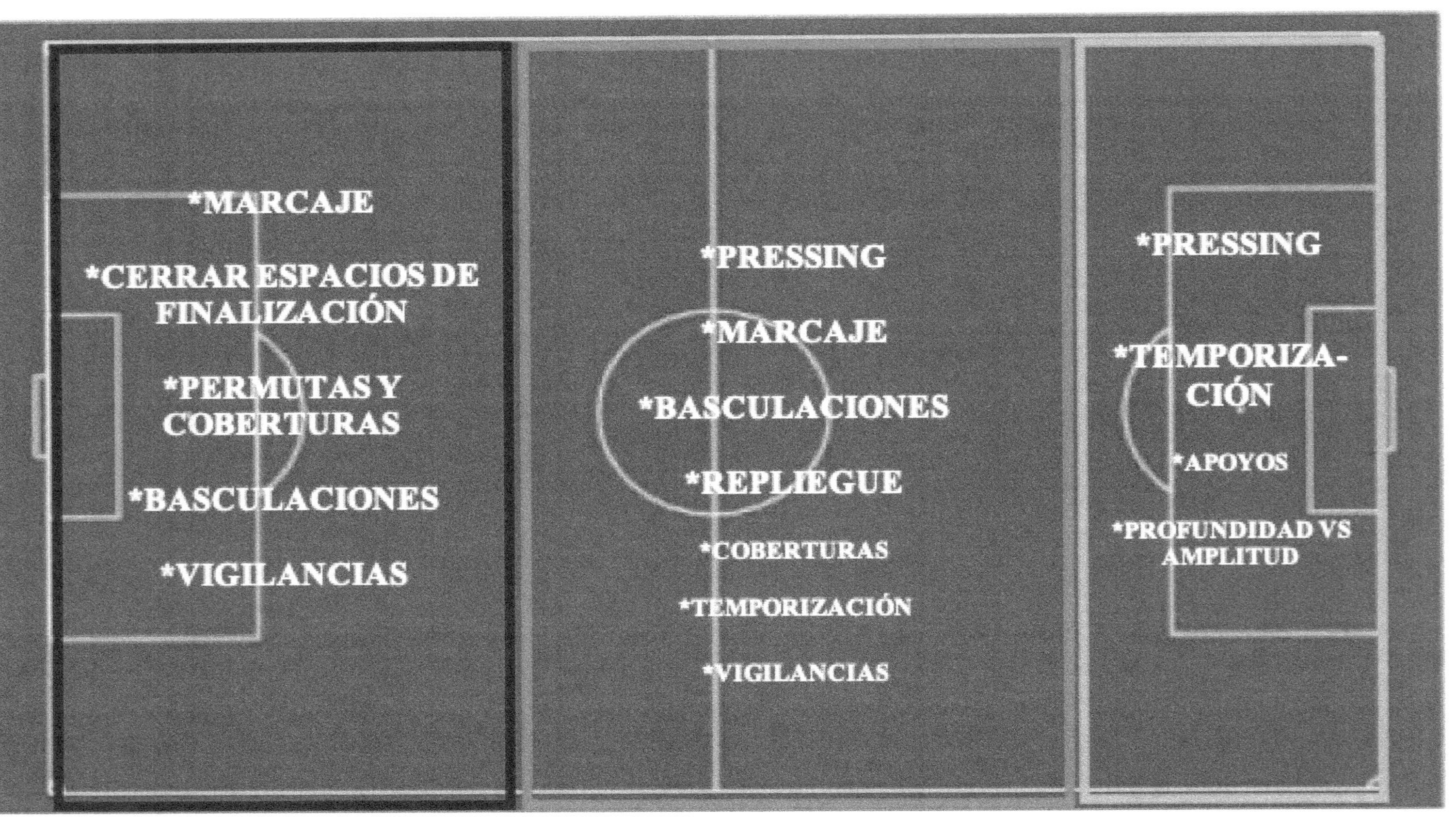
*MARCAJE
*CERRAR ESPACIOS DE FINALIZACIÓN
*PERMUTAS Y COBERTURAS
*BASCULACIONES
*VIGILANCIAS
*PRESSING
*MARCAJE
*BASCULACIONES
*REPLIEGUE
*COBERTURAS
*TEMPORIZACIÓN
*VIGILANCIAS
*PRESSING
*TEMPORIZA-CIÓN
*APOYOS
*PROFUNDIDAD VS AMPLITUD

DISTRIBUCIÓN DE LOS OBJETIVOS Y CONTENIDOS DE APRENDIZAJE POR CATEGORÍA FORMATIVA

Objetivos metodológicos

Etapa iniciación

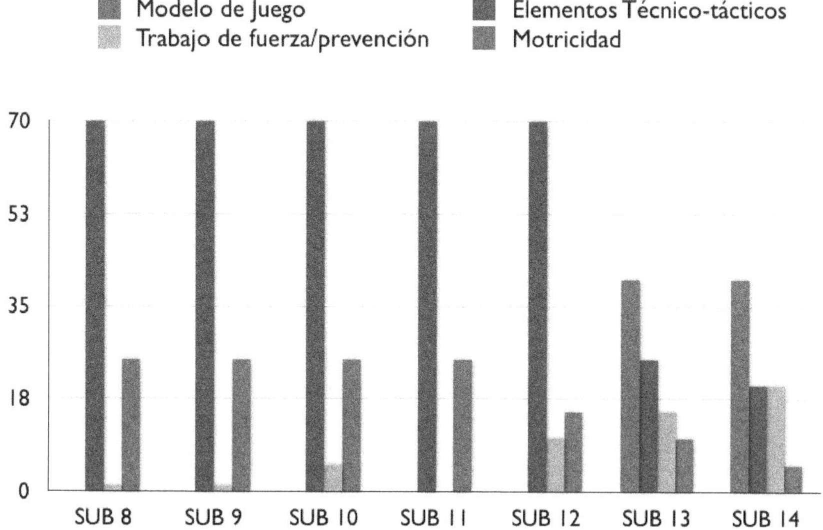

Predominancias de contenidos técnico-tácticos con respecto a los del modelo de juego y aparición importante de aspectos motrices a desarrollar en los niños.

Etapa desarrollo

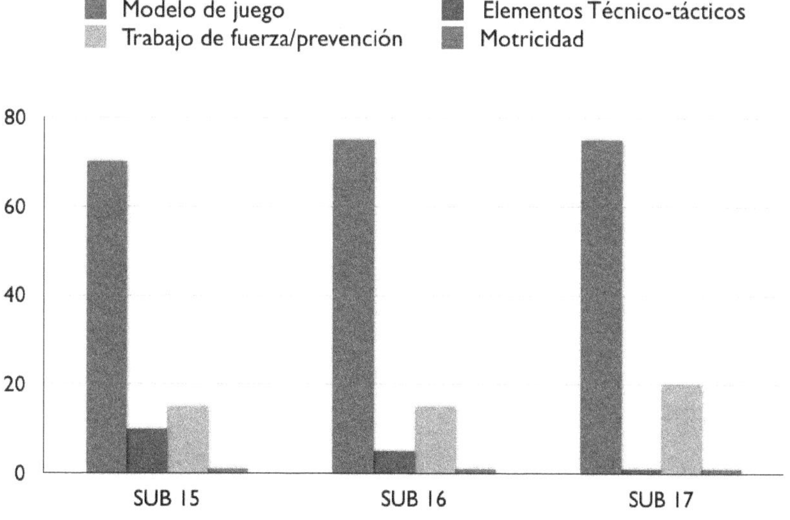

Los contenidos de modelo de juego prevalecen por encima de los técnico-tácticos. Ya en sub 15 se tendrá mayor presencia el trabajo de fuerza, prevención de lesiones y formación muscular.

Etapa Rendimiento

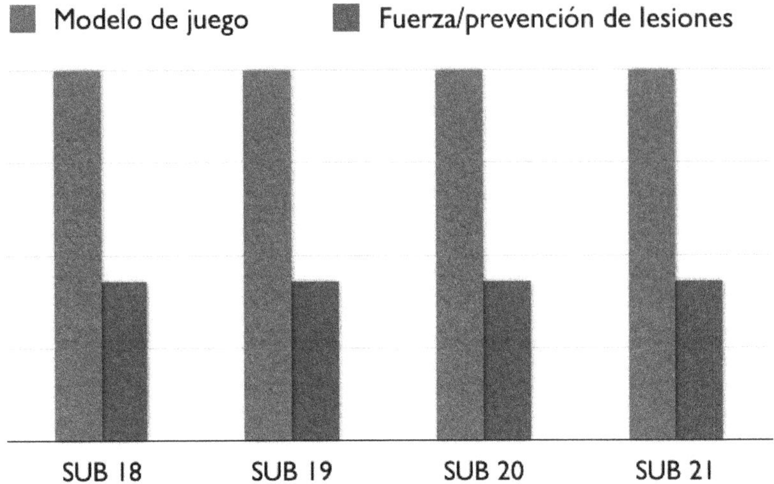

Predominancia fundamental de aplicación del modelo de juego. El trabajo de fuerza y preventivo tiene un carácter también muy importante y empieza a tener mayor individualización.

Estos contenidos metodológicos son también orientativos, pero queda claramente reflejado la prioridad de contenidos según la categoría formativa y la evolución temporal de los contenidos a lo largo del proceso formativo del jugador de fútbol.

Distribución de contenidos categoría formativa

Primero encontraremos una distribución de los Principios del juego por categoría y sesión/semana y a continuación de los elementos por categoría.

Sub 8

Principios	Sesión 1	Sesión 2
Ataque	Inicio	Creación

Sub 9

Principios	Sesión 1	Sesión 2	Sesión 3
Ataque	Inicio	Creación	Finalización

Sub 10

Principios	Sesión 1	Sesión 2	Sesión 3
Ataque	Inicio	Creación	Finalización

Sub 11

Principios	Sesión 1	Sesión 2	Sesión 3
Ataque	Inicio	Creación	Finalización

Sub 12

Principios	Sesión 1	Sesión 2	Sesión 3
Ataque	Inicio	Creación	Finalización

Sub 13

Principios	Sesión 1	Sesión 2	Sesión 3
Ataque	Inicio	Creación	Finalización

Sub 14

Principios	Sesión 1	Sesión 2	Sesión 3
Ataque	Inicio	Creación	Finalización

Sub 15

Sesión 1	Sesión 2	Sesión 3	Sesión 4
Principios y subprincipios Ataque	Principios y subprincipios Ataque/transición ataque- defensa	Principios y subprincipios Defensa/transición defensa-ataque	Repaso de todos los conceptos

Sub 16

Sesión 1	Sesión 2	Sesión 3	Sesión 4
Principios y subprincipios Ataque	Principios y subprincipios Ataque/transición ataque- defensa	Principios y subprincipios Defensa/transición defensa-ataque	Repaso de todos los conceptos

Sub 17

Sesión 1	Sesión 2	Sesión 3	Sesión 4
Principios y subprincipios Ataque	Principios y subprincipios Ataque/transición ataque- defensa	Principios y subprincipios Defensa/transición defensa-ataque	Repaso de todos los conceptos

Sub 18

Sesión 1	Sesión 2	Sesión 3	Sesión 4	Sesión 5	Sesión 6
Recuperación	Principios y subprincipios	Principios y subprincipios	Principios y subprincipios	Principios y subprincipios	Sesión pre-partido

Sub 19

Sesión 1	Sesión 2	Sesión 3	Sesión 4	Sesión 5	Sesión 6
Recuperación	Principios y subprincipios	Principios y subprincipios	Principios y subprincipios	Principios y subprincipios	Sesión pre-partido

Sénior/Filial/Reservas

Sesión 1	Sesión 2	Sesión 3	Sesión 4	Sesión 5	Sesión 6
Recuperación	Principios y subprincipios	Principios y subprincipios	Principios y subprincipios	Principios y subprincipios	Sesión pre-partido

CONTENIDOS Y CONCEPTOS DE APRENDIZAJE POR CATEGORÍA Y ETAPA

A continuación se establecerán los contenidos y conceptos de aprendizaje por cada etapa. Como hemos visto anteriormente dividimos el proceso de desarrollo del jugador en 3 etapas y que dichas etapas llevan diferentes porcentajes con respecto a los contenidos, que son establecidos según los objetivos de las etapas.

Podemos diferenciar claramente los objetivos de manera sintetizada según las etapas formativas:

- **Etapa de rendimiento**: buscar el máximo rendimiento, el objetivo es la competición.

- **Etapa desarrollo**: desarrollar el modelo de juego, para que posteriormente en la etapa de rendimiento pueda llevar dicho modelo a su máximo resultado.

- **Etapa iniciación**: aprendizaje de los principios del modelo de juego y de los conceptos básicos del juego.

Esta última etapa (que en orden inverso sería la primera) conlleva el aprendizaje de los conceptos básicos del juego. Dichos conceptos serán repartidos y distribuidos según la edad y categoría. Con esto se pretende periodizar el aprendizaje.

A continuación se muestran en diferentes tablas dicha periodización.

PRINCIPIO OFENSIVO: INICIO

Principio ofensivo: INICIO	Sub 8	Sub 9	Sub 10	Sub 11	Sub 12	Sub 13	Sub 14
Concepto							
Creación de superioridad numérica							
Jugar fácil							Periodos adaptativos
Movilidad constante							
Circulación de balón en busca de nuevos espacios							
Ocupación racional del terreno de juego					Periodos adaptativos	Periodos adaptativos	

Elementos técnico-tácticos individuales y colectivos

APOYOS Y DESMARQUES	Sub 8	Sub 9	Sub 10	Sub 11	Sub 12	Sub 13	Sub 14
Concepto (apoyo y ruptura)		Ofrecer líneas de pase	Ofrecer líneas de pase	Ofrecer líneas de pase	Ofrecer líneas de pase		
Predisposición para recibir							
Finta previa							

PASE	Sub 8	Sub 9	Sub 10	Sub 11	Sub 12	Sub 13	Sub 14
Concepto							
Zona de contacto de seguridad		Golpeo interior (palanca de movimiento, marca dirección)	Golpeo interior (palanca de movimiento, marca dirección)	Golpeo interior (palanca de movimiento, marca dirección)	Golpeo interior y dar seguridad al compañero	Golpeo interior y dar seguridad al compañero	
Conciencia del pase							
Creatividad							
Golpear y no empujar							
Lateralidad	Adquirir confianza y dominio	Adquirir confianza y dominio	Adquirir confianza y dominio	Adquirir confianza y dominio	Intencionali-dad	Intencionali-dad	Buscar precisión
Diferentes longitudes	Cortas	Cortas	Cortas-medias	Cortas-me-dias-largas	Cortas-me-dias-largas	Cortas-me-dias-largas	Cortas-me-dias-largas

CONTROL	Sub 8	Sub 9	Sub 10	Sub 11	Sub 12	Sub 13	Sub 14
Concepto							
Control orientado			Pies	Pies/muslo	Pies/muslo/ pecho	Pies/muslo/ pecho	Pies/muslo/ pecho
Creatividad							
Orientación antes recibir							
Recepción diferentes distancias	Cortas	Cortas-medias	Cortas-medias	Cortas-medias-largas	Cortas-medias-largas	Cortas-medias-largas	Cortas-medias-largas
Lateralidad	Adquirir confianza y dominio	Adquirir confianza y dominio	Adquirir confianza y dominio	Adquirir confianza y dominio	Intencionalidad	Intencionalidad	Buscar precisión
Percibir antes de recibir							

DOMINIO BALÓN/COBER-TURA TÉCNICA	Sub 8	Sub 9	Sub 10	Sub 11	Sub 12	Sub 13	Sub 14
Concepto							
Lateralidad	Adquirir confianza y dominio	Adquirir confianza y dominio	Adquirir confianza y dominio	Adquirir confianza y dominio	Intencionali-dad	Intencionali-dad	Buscar precisión
Dominio de los brazos		Dominio corporal	Dominio corporal	Dominio corporal	Dominio corporal y situación de ventaja	Dominio corporal y situación de ventaja	Situación de ventaja
Utilización del centro de gravedad							
Superficies					Acción de brazos	Acción de brazos	Acción de brazos

PRINCIPIO OFENSIVO: CREACIÓN/DESARROLLO

Principio ofensivo CREACIÓN/DESARROLLO	Sub 8	Sub 9	Sub 10	Sub 11	Sub 12	Sub 13	Sub 14
Concepto							
Creación de superioridad numérica							
Movilidad constante							
Búsqueda de espacios entrelíneas							
Circulación de balón con alternancia de juego horizontal/vertical							
Penetrar en el espacio buscando verticalidad	Menor dificultad						

Elementos técnico-tácticos individuales y colectivos

PAREDES	Sub 8	Sub 9	Sub 10	Sub 11	sub 12	Sub 13	Sub 14
Concepto							

CONDUCCIÓN	Sub 8	Sub 9	Sub 10	Sub 11	Sub 12	Sub 13	Sub 14
Concepto							
Lateralidad	Adquirir confianza y dominio	Adquirir confianza y dominio	Adquirir confianza y dominio	Adquirir confianza y dominio	Intencio-nalidad	Intencio-nalidad	Buscar precisión
Visión periférica							
Cambios de ritmo							
Diferentes direcciones y ángulos							
Zonas de contacto		Interior y exterior	Interior y exterior	Interior y exterior	Interior y exterior		

PRINCIPIO OFENSIVO: FINALIZACIÓN

Principio ofensivo: FINALIZACIÓN	Sub 8	Sub 9	Sub 10	Sub 11	Sub 12	Sub 13	Sub 14
Concepto							
Ocupando zonas de finalización							
Llegando a zonas de rechace						Periodo adaptativo	
Identificar zona de finalización							
Verticalidad							
Buscando ángulos de tiro							
Conocer las zonas de gol de la portería							
Resolver situaciones de 1x1							

Elementos técnico-tácticos individuales y colectivos

TIRO	Sub 8	Sub 9	Sub 10	Sub 11	Sub 12	Sub 13	Sub 14
Concepto							
Distancias		Corta-media	Corta-media	Corta-media	Corta-media-larga	Corta-media	Corta-media-larga
Percepción entorno (levanto cabeza)							
Creatividad							
Lateralidad		Adquirir confianza y dominio	Adquirir confianza y dominio	Adquirir confianza y dominio	Adquirir confianza y dominio	Intencionali-dad	Intencionali-dad
Control de orientación							

REMATE	Sub 8	Sub 9	Sub 10	Sub 11	Sub 12	Sub 13	Sub 14
Concepto							
Diferentes distancias		Más cercanos	Más cercanos	Más cercanos	Alternos		
Diferentes alturas							
Creatividad							
Remate de cabeza		Sin oposición	Sin oposición	Sin oposición	Con y oposición	Con oposición	Con oposición
Percepción entorno							
Lateralidad		Adquirir confianza y dominio	Adquirir confianza y dominio	Adquirir confianza y dominio	Adquirir confianza y dominio	Intencionali-dad	Intencionali-dad
Temporización remate					Concentración y llego al sitio	Concentración y llego al sitio	Cambio de ritmo

REGATE	Sub 8	Sub 9	Sub 10	Sub 11	Sub 12	Sub 13	Sub 14
Concepto (búsqueda de efectividad)							
Lateralidad	Adquirir confianza y dominio	Adquirir confianza y dominio	Adquirir confianza y dominio	Adquirir confianza y dominio	Intencionali-dad	Intencionali-dad	Buscar precisión
Cambios de ritmo							
Creatividad							
Finta/amago							
Diferentes direc-ciones y ángulos							
Paso por encima							
Paso el balón por detrás							
Con giros							
Pisando el balón							
Dominio de los brazos							

PRINCIPIO DEFENSIVO: INICIO

Principio defensivo INICIO	Sub 8	Sub 9	Sub 10	Sub 11	Sub 12	Sub 13	Sub 14
Concepto							
Ocupación racional del espacio defensivo							
No dar pistas de lo que se pretende hacer							
Superioridad numérica defensiva							
Presencia insistente en el rival							

Elementos técnico-tácticos individuales y colectivos

MARCAJE	Sub 8	Sub 9	Sub 10	Sub 11	Sub 12	Sub 13	Sub 14
Concepto							
Contacto en la marca							

ENTRADA	Sub 8	Sub 9	Sub 10	Sub 11	Sub 12	Sub 13	Sub 14
Concepto							
Prever la acción del rival (control)					Detecto fallo rival	Detecto fallo rival	Detecto fallo rival
Perfil con respecto pierna dominante (salida para pierna dominante)							
Lateralidad							
Dominio de los brazos							

PRINCIPIO DEFENSIVO: CREACIÓN/DESARROLLO

Principio defensivo CREACIÓN/DESARROLLO	Sub 8	Sub 9	Sub 10	Sub 11	Sub 12	Sub 13	Sub 14
Concepto						Periodo adaptativo	
Superioridad numérica defensiva							
Colocar líneas por detrás línea del balón							
Cerrar espacios de penetración							
Cerrar líneas de pase							

Elementos técnico-tácticos individuales y colectivos

INTERCEPTACIÓN	Sub 8	Sub 9	Sub 10	Sub 11	Sub 12	Sub 13	Sub 14
Concepto							
Lateralidad							
Dominio corporal							
Interceptación para hacerme con el balón							
Prever la acción del rival					Detecto fallo rival	Detecto fallo rival	Detecto fallo rival

PRINCIPIO DEFENSIVO: FINALIZACIÓN

Principio defensivo: FINALIZACIÓN	Sub 8	Sub 9	Sub 10	Sub 11	Sub 12	Sub 13	Sub 14
Concepto							
Tapar zonas/ángulos de tiro y zonas de remate							
Cerrar zonas de rechace							
Llevar al contrario a zonas incómodas de finalización							

Elementos técnico-tácticos individuales y colectivos

CARGA	Sub 8	Sub 9	Sub 10	Sub 11	Sub 12	Sub 13	Sub 14
Concepto							
Competitividad							
Acción corporal				Centro de gravedad	Centro de gravedad	Ganar posición	Ganar posición
Prever la acción del rival							

DESPEJE	Sub 8	Sub 9	Sub 10	Sub 11	Sub 12	Sub 13	Sub 14
Lateralidad							
Perfil del despeje							
Envío a zonas de no rechace							
Superficie de seguridad							
Diferentes distancias y alturas							

ELEMENTOS PSICOMOTRICES

GIROS	Sub 8	Sub 9	Sub 10	Sub 11	Sub 12	Sub 13	Sub 14
En estático							
En dinámico							
Lateralidad							
Con finta previa							
Sin finta previa							
Diferentes grados	180	180	180/360	180/360	180/360	180/360	
Tras golpeo							
Giros hacia adelante							
Giros hacia atrás							

APOYOS	Sub 8	Sub 9	Sub 10	Sub 11	Sub 12	Sub 13	Sub 14
Apoyos simples (técnica de carrera básica)							
Apoyos múltiples							
Lateralidad							
Apoyos tras salto							
Apoyos tras caída (volver a situación bipodal)							
Apoyo tras desequilibrio del rival							
Apoyos en diagonales							
Apoyos hacia atrás							
Apoyos hacia adelante							

SALTOS	Sub 8	Sub 9	Sub 10	Sub 11	Sub 12	Sub 13	Sub 14
Lateralidad							
Saltos según la distancia de carrera							
Saltos según la altura							
Saltos sin carrera							
Saltos bipodales							
Saltos unipodales							

DESPLAZAMIENTOS	Sub 8	Sub 9	Sub 10	Sub 11	Sub 12	Sub 13	Sub 14
Diagonales							
Espalda							
Cambios de dirección							
Cambios de velocidad							
Tras salto							
Tras golpeo							
Tras giro							
Tras apoyo							

LANZAMIENTOS	Sub 8	Sub 9	Sub 10	Sub 11	Sub 12	Sub 13	Sub 14
Saques de banda							

*En los contenidos y elementos psicomotrices pasaremos de situaciones más simples (categorías y equipos más pequeños) para terminar con contenidos más específicos en categorías más grandes.

Nota: Todos los conceptos deben de intentar expresar competitividad y máxima concentración

OBJETIVOS GENERALES
POR ETAPAS DE FORMACIÓN

OBJETIVOS GENERALES EN LA
ETAPA DE INICIACIÓN

- Dominar los fundamentos básicos del fútbol
- Dominar los elementos técnico-tácticos individuales ofensivos y defensivos
- Introducirse en el dominio de los elementos técnico-tácticos colectivos
- Adquirir una riqueza motora que le permita tener un bagaje motriz amplio
- Desarrollar las cualidades físicas básicas a través del juego
- Comprender e interpretar los principios del modelo de juego (desarrollo inteligencia del jugador)
- Competir para aprender los fundamentos básicos del fútbol
- Adquirir hábitos higiénicos y de conducta (valores)

OBJETIVOS GENERALES EN LA
ETAPA DE DESARROLLO

- Dominar los elementos técnico-tácticos colectivos
- Saber aplicar los fundamentos técnico-tácticos individuales en la práctica eficaz del juego
- Conocer el modelo de juego
- Introducirse al dominio específico de los subprincipios del modelo de juego
- Competir para aprender el modelo de juego
- Adquirir hábitos en el trabajo de fuerza
- Conocer y aplicar los valores del club

<table>
<tr><td colspan="1" align="center">OBJETIVOS GENERALES EN LA
ETAPA DE RENDIMIENTO</td></tr>
</table>

- Dominar el modelo de juego
- Dominar los subprincipios del modelo de juego
- Rendir según las características del jugador dentro del modelo de juego
- Conocer y aplicar los roles y características específicas de su demarcación
- Competir para ganar según el modelo de juego
- Potenciar y eliminar el déficit de fuerza
- Representar los valores del club como valor de vida

OBJETIVOS ESPECÍFICOS POR ETAPAS DE FORMACIÓN

OBJETIVOS ESPECÍFICOS EN LA ETAPA DE INICIACIÓN (7-12 AÑOS)

MODELO DE JUEGO

→ Ubicarse correctamente en el sistema de juego

→ Conocer 2-3 posiciones del sistema de juego

→ Conocer el estilo de juego

COMPRENSIÓN DE LOS PRINCIPIOS DEL JUEGO

Mantener

→ Concepto de mantener la posesión del balón ¿cómo, por qué y cuando?

→ Ocupación racional del terreno de juego

→ Jugar fácil en zonas de inicio

Progresar

→ Concepto de progresión en el juego ¿cómo, por qué y cuando?

→ Movilidad constante

→ Verticalidad cuando hay espacios

Finalizar

→ Concepto de finalización ¿cómo, por qué y cuando?

→ Estar atento y llegar a los posibles rechaces

→ Conocer las zonas de gol de la portería

→ Resolver situaciones de 1x1

Evitar mantener

→ Concepto de evitar mantener la posesión del balón ¿cómo, por qué y cuando?

→ Ocupación racional del espacio defensivo

→ Presencia insistente al rival

Evitar progresar

→ Concepto de evitar progresión en el juego ¿cómo, por qué y cuando

→ Saber cerrar espacios de penetración

Evitar finalizar

→ Concepto de evitar finalización ¿cómo, por qué y cuando?

TÉCNICO-TÁCTICO INDIVIDUAL

Ofensivos

→ Dominio de balón con todas las partes del pie y en todas direcciones

→ Dominar la técnica de pase de interior con las dos piernas

→ Recepcionar y controlar el balón con todas las partes del cuerpo

→ Predisposición para recibir

→ Pasar el balón según la posición del compañero (detenido-movimiento)

→ Intencionalidad en el lanzamiento a pierna con las dos piernas

→ Remate de cabeza sin oposición

→ Realizar la mayoría de los regates con fintas

→ Saber en que zonas regatear y para qué

→ Tener una visión periférica en la conducción

→ Realizar salida de balón del regate por ambos lados

Defensivos

→ Temporizar la entrada

TÉCNICO-TÁCTICO GRUPAL

Ofensivos

→ Hacer y saber la diferenciar y entre desmarques de apoyo y ruptura

→ Dominar el concepto de amplitud y profundidad en el juego

→ Apoyos constantes al poseedor del balón

→ Saber el concepto de creación y ocupación de espacios

→ Conocer y dominar la acción de la pared

→ Conocer el concepto de desdoblamiento y su ejecución

Defensivos

→ Conocer y aplicar el concepto de cobertura

→ Realizar marcajes individuales

→ Conocer y aplicar el marcaje zonal

→ Aplicar pressing a jugador poseedor del balón

→ Conocer y aplicar el concepto de basculación

CONDICIONALES/MOTRICES

→ Adquirir la mayor riqueza motora posible

→ Corregir déficit de coordinación

→ Utilizar el juego como elemento socio-afectivo

ESTRATÉGICOS

→ Saber lanzar penaltis

→ Dominar el saque de banda para mantener la posesión

OBJETIVOS ESPECÍFICOS EN LA
ETAPA DE DESARROLLO (13-15 AÑOS)

MODELO DE JUEGO

→ Ubicación en el sistema de juego

→ Conocer 2-3 posiciones del sistema de juego

→ Entender el estilo de juego

→ Conocer y aplicar subprincipios del modelo de juego

COMPRENSIÓN DE LOS PRINCIPIOS DEL JUEGO

Mantener

→ Creación de superioridades numéricas

→ Circulación de balón para buscar espacios de penetración a diferentes ritmos y ante situaciones de equipo replegado

Progresar

→ Creación de superioridad numérica

→ Saber jugar entrelíneas

→ Saber circular el balón alternando espacios horizontales y verticales

Finalizar

→ Ocupar correctamente zonas de finalización

→ Búsqueda de ángulos correctos de tiro

→ Verticalidad en las zonas de finalización

Evitar mantener

→ Superioridad numérica defensiva

→ Llevar al rival a zonas de banda

Evitar progresar

→ Superioridad numérica defensiva

→ Cerrar líneas de pases

→ Colocarse por detrás del balón una vez rebasado

Evitar finalizar

→ Tapar ángulos de tiro y zonas de remate

→ Cerrar zonas de rechace

→ Llevar al contrario a zonas incómodas de finalización

TÉCNICO-TÁCTICO INDIVIDUAL

Ofensivos

→ Saber jugar uno/dos toques

→ Predisposición para recibir dentro de su zona de juego

→ Saber orientar el cuerpo antes de controlar

→ Búsqueda de efectividad en el gol

→ Remate de cabeza con oposición

→ Temporizar el remate con el centro

→ Realizar cambios de ritmo en la conducción y en el regate

→ Dominar el juego de espalda (aguantar el balón para sacar ventaja)

Defensivos

→ Saber realizar entradas al rival con el balón controlado de espalda

→ Temporizar la entrada tanto de derecha como de izquierda

→ Prever la acción del rival (posible fallo)

→ Saber despejar a zonas de no riesgo con ambas piernas

→ Saber utilizar correctamente el centro de gravedad en la carga y disputas de balón

TÉCNICO-TÁCTICO GRUPAL

Ofensivos

→ Realizar diferentes tipos de desmarque según la demarcación

→ Ocupar y crear espacios en diferentes acciones ofensivas

→ Saber llevar a cabo paredes en zonas reducidas de juego

→ Saber comunicarme con mi compañero en la ocupación y creación de espacios libres

→ Llevar a cabo cambios de orientación tanto en transición como directos

→ Jugar desde la zona para provocar amplitud

→ Alternancia de juego corto y largo en búsqueda de profundidad

→ Controlar diferentes ritmos de juego

→ Realizar el despliegue ofensivo a diferentes velocidades

→ Saber realizar acciones de contraataque

→ Conocer el concepto de equilibrio ofensivo

Defensivos

→ Conocer y aplicar permutas

→ Tapar y cerrar espacios mediante ayudas

→ Aplicar pressing colectivo en el momento adecuado

→ Saber aplicar el concepto de equilibrio entre líneas en las fases de transición

CONDICIONALES/MOTRICES

→ Adquirir la mayor riqueza motora posible

→ Utilizar el juego como elemento socio-afectivo

→ Introducir al jugador al trabajo preventivo de lesiones

ESTRATÉGICOS

→ Dominar diferentes estrategias de saque de esquina programadas por el club

→ Dominar acciones de saque de banda para buscar progresión

→ Saber provocar el fuera de juego

OBJETIVOS ESPECÍFICOS EN LA
ETAPA DE RENDIMIENTO (15-19 AÑOS)

MODELO DE JUEGO

→ Aplicar subprincipios del subprincipios del modelo de juego

→ Conocer y aplicar los roles específicos (demarcación) dentro del modelo de juego

→ Sacar el máximo rendimiento de cada jugador en el modelo de juego respetando sus características individuales

TÉCNICO-TÁCTICO INDIVIDUAL

Ofensivos

→ Aplicación de los diferentes elementos técnico-tácticos individuales ofensivos a los diferentes principios, subprincipios y subprincipios del subprincipios.

Defensivos

→ Aplicación de los diferentes elementos técnico-tácticos individuales defensivos a los diferentes principios, subprincipios y subprincipios del subprincipios.

TÉCNICO-TÁCTICO GRUPAL

Ofensivos

→ Aplicación de los diferentes elementos técnico-tácticos grupales ofensivos a los diferentes principios, subprincipios y subprincipios del subprincipios.

Defensivos

→ Aplicación de los diferentes elementos técnico-tácticos grupales defensivos a los diferentes principios, subprincipios y subprincipios del subprincipios.

CONDICIONALES/MOTRICES

→ Conseguir un balance muscular óptimo que le permita competir y entrenar en las mejores condiciones posibles.

→ Corregir déficit de fuerza

ESTRATÉGICOS

→ Dominar diferentes estrategias de saque de esquina programadas por el club

→ Provocar el fuera de juego

Categoría	(Inicio) Mantener posesión	(Creación) Progresar	(Finalización) Finalizar	(Inicio) Robar	(Creación) Evitar progresar	(Finalización) Evitar finalizar
Sub 8	Superioridades numéricas de 3-4 jugadores	1x1 (dejar el balón detrás de la línea), Superioridades numéricas de hasta 3-4 jugadores Dividir en zonas	1x0, 1x1, 2x1, 2x2	1x1,2x2	1X1 (dejar balón detrás de la línea)	1x1
Sub 9-10	Superioridades numéricas de 2-3 jugadores	1x1 (dejar el balón detrás de la línea), Superioridades numéricas de hasta 2-3 jugadores. Dividir en zonas	1x0, 1x1, 2x1,2x2+,3x1 ,3x2	1x1,2x2	1X1 (dejar balón detrás de la línea)...1x1+2 (exteriores)...2x2+2	1x0, 1x1, 2x1
Sub 11-12	Superioridades numéricas 2-3 jugadores	1X1 (dejar balón detrás de la línea)...1x1+2 (exteriores)...2x2+2...3x3+2/ superioridades numéricas de 2-3 jugadores Dividir en zonas	1x0, 1x1, 2x1,2x2+1,3x 1,3x2	1x1,2x2, 1x2	1X1 (dejar balón detrás de la línea)...1x1+2 (exteriores)...2x2+2...3x 3+2	Superioridades numéricas de (1-4 jug) 1x0, 1x1, 2x1,2x2+1,3x1,3 x2 con facilidad para finalizar

Categoría	(Inicio) Mantener posesión	(Creación) Progresar	(Finalización) Finalizar	(Inicio) Robar	(Creación) Evitar progresar	(Finalización) Evitar finalizar
Sub 13-14	Superioridad numérica de 1-2 jugadores	3x3+2...4x4+2, 5x4,6x4 /superioridades numéricas de 2-3 jugadores Dividir en zonas	1x1, 2x1, 2x2, 3x2, 3x3+1,3x3+3, 4x4+3	Situaciones de igualdad (1x1, 2x2, 3x3,..) y alguna de superioridad en ataque (1x2, 2x3	Situaciones de superioridad ofensiva e igualdad	Superioridades numéricas de (1-4) 1x1, 1x2, 2x1,3x2,2x3 con facilidad para finalizar
Sub 15-16	Igualdad y superioridad numérica de 1-2 jugadores	5x4 (en diferentes fases del juego)...5x4+2....6x4 Dividir en zonas	1x1,2x2, 3x3+1, 4x3, 4x4+1, 4x4+3, 5x4, 5x5+3	Situaciones de igualdad y superioridad en ataque	Situaciones de igualdad y superioridad en ataque	Situaciones de superioridad, igualdad e inferioridad con facilidad para finalizar
Sub 17-Sénior	Igualdad y superioridad numérica de 1-2 jugadores	5x4 (en diferentes fases del juego)...5x4+2....6x4 Dividir en zonas		Situaciones de igualdad y superioridad en ataque reales	Situaciones de igualdad y superioridad en ataque más reales en el juego	Situaciones de superioridad e igualdad más reales en el juego

Estructuras de juego para las tareas de entrenamiento según los principios del juego y la categoría formativa

3. La planificación del modelo de formación

LA TAREA

Tipos de tarea

En nuestra metodología diferenciaremos dos tipos fundamentales de tareas: las de carácter general y la de carácter específica. Estos tipos de tareas predominarán más en unos momentos u otros de la temporada según la etapa formativa del jugador. A continuación pasamos a describir las características principales de cada tipo de tarea:

- Globales

    - Situaciones reales con o sin condicionantes
    - Inclusión 100% del modelo de juego
    - Enfrentamiento un grupo vs grupo.

- Reducidas

    - Mayor especificidad .
    - Mayor incertidumbre técnico- táctica.
    - Mayor número de repeticiones

- Técnico-tácticas

    - Menor especificidad.
    - Menor incertidumbre técnico-táctica.
    - Más orientadas a desarrollar contenidos técnico-tácticos individuales que colectivos.
    - Gran número de repeticiones.

- Psicomotrices

    - Destinadas a reproducir los elementos y contenidos psicomotrices
    - Pueden incluir o no el balón.

- Estrategia

  - Destinadas a cubrir acciones de estrategia como objetivo principal

En el siguiente cuadro se presentan el tipo de tareas que hay según la orientación de la tarea.

Tipo de tarea	Orientación tarea	Parte sesión
AC – acciones combinativas (uno o dos porterías y con inicio y final fijos)	R	PP
PC - partidos condicionados (7x6 en adelante) dos porterías	GL	PP
Situación global (partido sin condicionantes)	GL	PP
SSG - juegos reducidos (dos porterías y no hay fin ni principio fijo y hasta 6x7)	R	PP
CIR - circuito de entto	P/TT	CAL
PAS - figuras de pase	TT	CAL/PP
JJ – Juegos motrices o deportivos	P	CAL
POS –posesiones (no hay porterías)	R/TT	CAL/PP
RND – rondos	R/TT	CAL/PP
RUE – ruedas	TT	CAL/PP

*CAL: calentamiento
*PP: parte principal
*G: globales
*R: reducidas
*TT: Técnico-táctica
*E: estrategia
*P: Psicomotricidad

Descripción de los tipos de tareas según su orientación

Acciones combinativas:

Este tipo de tareas son de carácter específico y se caracterizan por ser tareas compuestas por uno o dos porterías pero que tienen un inicio y final fijo en su estructura de desarrollo. Irá destinada en la parte principal de la sesión y estará presenta en mayor medida en los Microcíclos de tipo específico y adaptativos.

Partidos condicionados:

Tarea de carácter específico que consta con las características de disponer de al menos dos porterías y tener una estructura de juego compuesta por al menos un 7x6.

Irá destinada en la parte principal de la sesión y estará presenta en mayor medida en los Microcíclos de tipo específico y adaptativos.

Small Side Games:

Los SSG son juegos reducidos caracterizados por tener al menos dos porterías y con estructuras inferiores al 7x6. No tienen un principio y un fin fijos durante la tarea. Irá destinada en la parte principal de la sesión y estará presenta en mayor medida en los Microciclos de tipo específico y adaptativos.

Circuito de entrenamiento:

Los circuitos de entrenamientos son tareas compuestas por diferentes postas o zonas donde se desarrollarán diferentes objetivos técnico-tácticos o condicionales. Irá destinada en la parte principal de la sesión y estará presenta en mayor medida en los Microciclos de tipo generales y adaptativos.

Figuras de pases:

Tareas normalmente sin oposición o con poca oposición, definidas en el espacio como una figura geométrica en el que se realizará una secuencia de acciones técnico-tácticas. Irá destinada en la parte principal de la sesión o durante el calentamiento y estará presenta en mayor medida en los Microciclos de tipo generales y adaptativos.

Juegos:

Destinados principalmente en el calentamiento, tratarán de promover el desarrollo motriz del jugador con el fin de obtener mayor riqueza en su bagaje motor. Estarán presente en cualquier parte de la temporada.

Posesiones:

Son SSG pero sin porterías. La estructura de juego puede ir desde 1x1 hasta 11x11, por lo tanto no hay restricciones. Irá destinada en la parte principal de la sesión y a el calentamiento y puede estar presente en Microcíclos generales (si no se respeta el puesto específico) o en específicos (si se respeta el puesto específico), así como en los adaptativos.

Rondos:

Tareas similares a las posesiones pero que tienen una posición predefinida en el espacio de juego durante el desarrollo del mismo. Pueden utilizarse con puestos específicos o sin puestos específicos. Independientemente de esto siempre será de carácter general.

Ruedas:

Tareas de carácter similar a las acciones combinativas, pero sin la necesidad de existencia de porterías y oposición. Tiene la característica de que todos van rotando sus posiciones específicas, con lo cual le resta especificidad. Irá destinada en la parte principal de la sesión y estará presenta en mayor medida en los Microcíclos de tipo generales y adaptativos.

El modelo de tarea

Para establecer un modelo tipo en el que todos los técnicos del fútbol base nos podamos apoyar para hablar el mismo lenguaje y establecer la misma estructura y línea de trabajo, proponemos este modelo de tarea.

Código	Nombre	Dimensión	Nº jug	Serie	Duración	Descanso
Código para la base de datos de tareas	Nombre de la tarea que se va a desarrollar	Dimensión u organización de la tarea	Numero de jugadores a participar	Número de series	Duración de cada serie	Descanso entre series

Gráfico	Objetivo
	Principios de actuación
	Desarrollo
Dibujo o representación gráfica de la tarea con el fin de clarificar las ideas descritas en la parte de desarrollo.	Explicación y desarrollo de la tarea
	Normas y reglas
	Aspectos a incidir
	1 — Aspectos que queremos incidir en la tarea
	2
	3
	4
	Orientación Tarea
	Orientación didáctica de la tarea (G,R,TT, P ó E)

Es fundamental que todos los técnicos trabajemos con el mismo modelo de tarea, ya que nos facilitará mucho el trabajo entre nosotros mismos cuando hagamos puestas en común y reuniones.

LA SESIÓN

Habrá dos tipos de estructura de sesión según el tipo de microciclo que se plantee.

Es evidente que una sesión puede tener más tareas, pero las pautas principales serán las siguientes:

Sesión Reloj de arena: El orden de las tareas concuerda principalmente con nuestra propuesta metodológica comentada en el apartado de nuestro modelo de formación y en nuestro contenido metodológico.

Parte de la sesión	Tipo de tarea	Orientación	Objetivo
Parte inicial	Calentamiento y/o prevención de lesiones	TT-P	T-T INDV
Parte principal	Tarea 1	G	Adquirir
	Tarea 2	R	Asimilar
	Tarea 3	G	Aplicar
Parte final	Estrategia/ Estiramientos/otros		

Sesión Refuerzo: El orden de las tareas concuerda principalmente con nuestra propuesta metodológica comentada en el apartado de nuestro modelo de formación y en nuestro contenido metodológico.

Parte de la sesión	Tipo de tarea	Orientación	Objetivo
Parte inicial	Calentamiento y/o prevención de lesiones	TT-P	T-T INDV
Parte principal	Tarea 1	R	Refuerzo
	Tarea 2	R	Refuerzo
	Tarea 3	GL	Aplicar
Parte final	Estrategia/ Estiramientos/otros		

Distribución de contenidos dentro de la sesión

Según la categoría y etapa formativa distribuiremos de diferente forma los contenidos de aprendizaje. Sin duda, esto es variable y flexible, ya que lo más importante es que se puedan asimilar correctamente los contenidos. La distribución de contenidos en las sesiones según las categoría formativa es la siguiente:

- Desde sub 8 hasta sub 14:
    - 1 Principio del juego
    - 1-2 elemento técnico-táctico individual o colectivos
    - Aplicación modelo de juego (posicionamiento o subprincipios relacionado con el principio del juego trabajado)
- Desde sub 15 hasta sub 17
    - 1-2 Principios de juego (ataque o defensa)
- Desde sub 18 hasta Filial:
    - Según necesidades equipos
    - Según competición

Distribución de contenidos durante la tarea

- 1 elemento técnico-táctico individual orientado a ese Principio de juego
- 1 Principio de juego

Distribución de tipos de tareas en las diferentes categorías de formación

En la siguiente gráfica se muestra como los diferentes tipos de tareas (indicadas en apartados anteriores) van fluctuando según la categoría formativa.

En dicha gráfica aparecen solo las categorías de la etapa de iniciación, porque, creemos que es la etapa donde más hay que tener en cuenta dicho distribución de porcentajes.

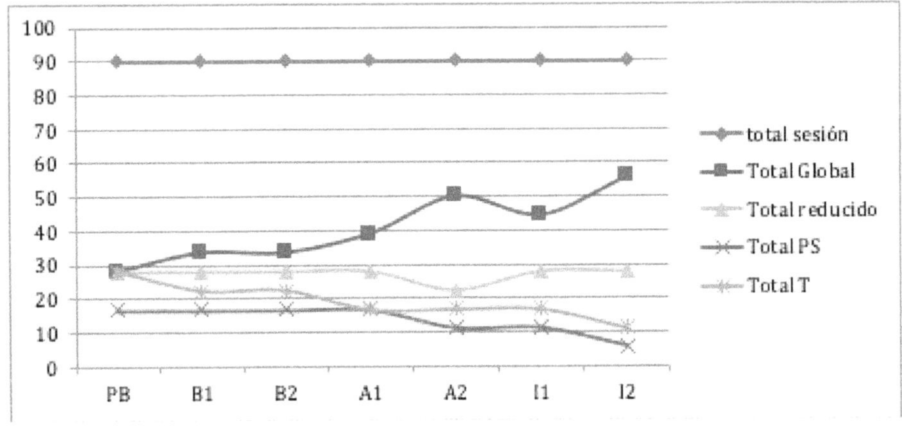

Gráfica x. Distribución orientativa, en minutos, de los tipos de tarea utilizados durante la sesión.

*PB: pre-benjamín
*B1: benjamín de primer año
*B2: benjamín de segundo año
*A1: alevín de primer año
*A2: alevín de segundo año
*I1: infantil de primer año
*I2: infantil de segundo año
*Ps: psicomotricidad
*T: técnico

Como se observa en la gráfica podemos observar como en categoría pre-benjamín y benjamín los porcentajes de tareas destinadas a contenidos psicomotrices y técnicos son mayores que en el resto de categorías.

Las situaciones globales predominan en todas las categorías, pero si es importante comentar que hay una pequeña variación en la categoría de infantil de primer año (I1) en cuanto a la distribución de tareas globales y reducidas. Y es que en comparación a alevín de segundo año (A2) el % de tareas reducidas aumenta, debido al paso de fútbol 7 a fútbol 11. Este % vuelve a aumentar en la categoría de infantil de segundo año (I2).

*PS: psicomotricidad
*G: global
*T: técnico
*R: reducido
*PB: pre-benjamín

*B1: benjamín de primer año
*B2: benjamín de segundo año
*A1: alevín de primer año
*A2: alevín de segundo año
*I1: infantil de primer año
*I2: infantil de segundo año

TIEMPOS %	CONTENIDOS	PB	B1	B2	A1	A2	I1	I2
Tiempo en min	PS	15	15	15	15	10	10	5
	T	25	20	20	15	15	15	10
	G	10	10	10	10	10	10	10
	R	12,5	12,5	12,5	12,5		12,5	12,5
	R	12,5	12,5	12,5	12,5	20	12,5	12,5
	G	15	20	20	25	35	30	40
Tiempo en min	Total sesión	90	90	90	90	90	90	90
%	Total Global	27,8	33,3	33,3	38,9	50,0	44,4	55,6
%	Total reducido	27,8	27,8	27,8	27,8	22,2	27,8	27,8
%	Total PS	16,7	16,7	16,7	16,7	11,1	11,1	5,6
%	Total T	27,8	22,2	22,2	16,7	16,7	16,7	11,1

Este cuadro muestra el tiempo en minutos (de un total de 90) destinado a cada tipo de tarea según la categoría formativa. El orden que muestra es para seguir una metodología de reloj de arena por eso se establecen dos situaciones globales.

Posteriormente se establecen los porcentajes totales de la sesión a la que se destina cada tipo de tarea. La tabla representa todos los datos que se visualizan en la última gráfica.

EL MICROCICLO

Los tipos de microciclos

Nuestros Microciclos tienen como objetivo fundamental 4 conceptos:

- Adaptación
- Adquisición
- Asimilación
- Aplicación

Nuestra prioridad en la planificación es la elaboración didáctica de los Microciclos, que serán los pilares de nuestra planificación anual. Con el fin de mostrar tareas más simples y que se puedan adecuar mejor a los contenidos de aprendizaje, hemos distribuidos la predominancia de Microciclos según la categoría general, específico y adaptativo. Cada uno será predominante según la etapa formativa y el momento de la temporada, variando principalmente los porcentajes de los Microciclos generales y específicos y dejando el adaptativo para momentos iniciales de la temporada o pretemporada.

Dichos Microciclos son:

- *Refuerzo*: mayor predominancia de tareas generales. Serán utilizados durante la temporada con el fin de reforzar los conceptos que hemos visto que a nuestro equipo le cuesta asimilar y/o que sean difíciles de realizar en tareas específicas sin un previo dominio. Serán periodos temporales de: REFORZAR

- *Específicos:* mayor predominancia de tareas globales y específicas. Serán utilizados durante la temporada con el fin de adquirir y asimilar conceptos y ver su aplicación en diferentes situaciones de juego, planteándoles diferentes tipos de problemas. Con este tipo de Microciclos pretendemos dar mayor realidad y especificidad al proceso de aprendizaje, cuanto mayor sea la etapa formativa mayor será la predominancia de este tipo de Microciclos. Serán periodos temporales de: ADQUISICIÓN, ASIMILACIÓN y APLICACIÓN.

- *Adaptativos:* se darán durante el periodo de pretemporada y servirán para empezar a introducir tareas que utilizaremos durante el año, aunque la orientación del microciclo siempre deberá de ser específica.

Categoría	Predominancia de Microciclos durante la temporada		
	Adaptativo	General	Específico
sub 8	15%	30%	55%
sub 9	15%	25%	60%
sub 10	10%	30%	60%
sub 11	10%	25%	65%
sub 12	10%	25%	65%
sub 13	**10%**	**30%**	**60%**
sub 14	5%	15%	80%
sub 15	2%	13%	85%
sub 16	5%	5%	90%
sub 17	5%	5%	90%
sub 18	2%	3%	95%
sub 19	2%	3%	95%
sub 20	2%	3%	95%

Los porcentajes establecidos son orientativos, el contenido didáctico de esta tabla será variable según las necesidades del grupo y de los jugadores. Lo que si queda perfectamente reflejado es el predominio según una etapa formativa u otra no pudiéndose variar este predominio.

4. Criterios metodológicos comunes de actuación

DURANTE LA TAREA

¿Cómo presentamos nuestras tareas y los objetivos que queremos alcanzar?

La tarea empieza siempre poniendo a los jugadores en la situación real de juego en la que puedan interpretar ese concepto o en la que se pueda dar ese concepto (si el concepto está ya asimilado, valdrá con explicarlo mediante feedback) y después trabajaremos la tarea y daremos feedback principales sobre las pautas a observar.

¿Cómo damos esos aspectos a incidir y ese feedback?

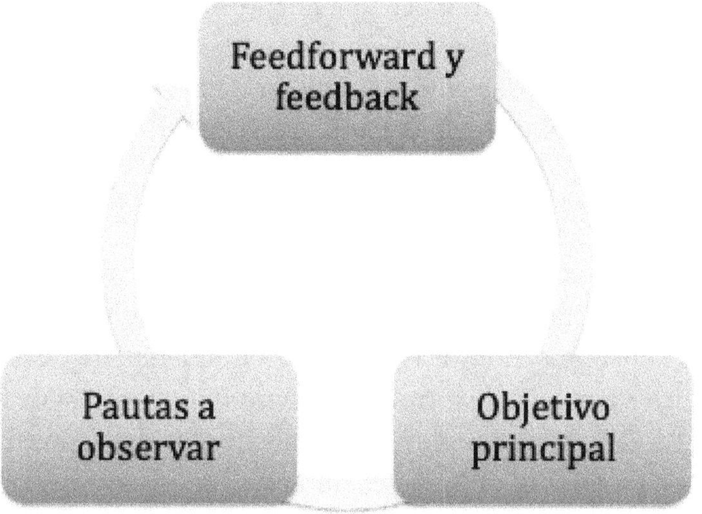

En los más pequeños:

- En los elementos y los principios más básicos del juego

- Importante los elementos técnico-tácticos individuales

En los más grandes:

- Principios y subprincipios según las fases del juego

- Importante los elementos técnico-tácticos colectivos

- Siempre orientado al modelo de juego

¿Qué recursos o técnicas podemos utilizar para que el jugador interprete lo que está pasando durante la tarea o el partido?

• Tipo de Feedback: utilizar un feedback reflexivo para conseguir que el jugador analice e interprete el juego. Preguntas como: ¿qué estas viendo? ¿qué problema hay? ¿cómo puedes resolverlo? Siempre orientado al objetivo propuesto en la tarea.

• Postura observacional: sacar al jugador de la tarea y mostrarle desde otra perspectiva y desde la observación lo que este pasando, para que este lo analice.

• Ejemplificaciones: hay dos formas: 1. sacar al jugador de la tarea para que observe acciones de los compañeros. 2. Realizar el entrenador el propio ejemplo (esto solo se deberá de realizar en caso de que el técnico tenga la capacidad de poder realizar la acción de forma ejemplar).

La adquisición de los conceptos

No hay que tener prisas en la adquisición de los conceptos por parte de los jugadores. La vida formativa del jugador tiene sus etapas y los conceptos se irán trabajando en muchas de ellas. Lo más importante es enseñarle a "masticar para que el pueda deshacer la comida y digerirla sin problemas", es decir, se trabajaran conceptos, en muchos de ellos el objetivo es que el jugador vaya descubriendo y asimilando la aplicación de ese concepto, siempre con la ayuda del técnico incidiendo en las pautas importantes e intentando descubrir los puntos débiles y fuertes del jugador para su posterior corrección personalizada.

"Al final se trata de interiorizar conceptos para ser más eficaz en las tomas de decisiones de la competición".

¿Cómo trabajaremos los elementos individuales del juego?

Habrá ciertos elementos, como por ejemplo el regate o la conducción (visión periférica) que serán de una mayor dificultad adquirir la automatización de ciertas habilidades. Para este tipo de elementos o conceptos, es recomendable utilizar tareas con complejidad reducida. Tal como por ejemplo una tarea en el que aplicaremos la finta al regate, primero haremos situaciones de 1x1 con defensa pasiva, después le diremos al defensor que se desplace a uno de los lados que el atacante a fintado de manera semipasiva y después defensa activa.

De tal forma que se vayan automatizando ciertos patrones motrices y se desarrolle un gran dominio motor.

Aplicación de las tareas al modelo de juego

Como indicábamos inicialmente en este documento el fin final del modelo de formación es que el jugador sepa interpretar y ese modo de jugar que desarrolla el modelo de juego.

Por lo cual las tareas en la medida de lo posible siempre deben de intentar aplicarse los siguientes conceptos:

- Aplicación de los objetivos de la tarea a los principios del modelo de juego.

- Aplicación de los contenidos para cumplir los subprincipios y subprincipios de los subprincipios

- Aplicación de las tareas al sistema de juego (posicionamiento en el campo, aplicación por líneas y por fases del juego).

- Ante diferentes contextos y estructuras de juegos (1x1, 2x1, 4x4, 5x4 etc.)

¿Qué recursos o técnicas podemos utilizar para que el jugador aprenda?

- Análisis de video: con técnicas visuales de video, mostrar a los jugadores aspectos relevantes según los objetivos que se quieran conseguir.

VARIABLES A TENER EN CUENTA EN LA ELABORACIÓN DE TAREAS

Pautas básicas metodológicas

- Del orden al desorden:

Las acciones del juego siempre ocurren en entornos inestables y hasta cierto puntos desordenados, por eso la inclusión de esta pauta metodológica es importante tener en cuenta en la elaboración de las tareas.

En el siguiente gráfico se aprecia un claro ejemplo; en lugar de hacer tiros a puertas en filas, podemos tener a todos los jugadores con balón y la indicación de una señal preestablecida hacemos que un determinado jugador lance a puerta, así conseguimos acercar un poco más la realidad del entrenamiento a la realidad del juego.

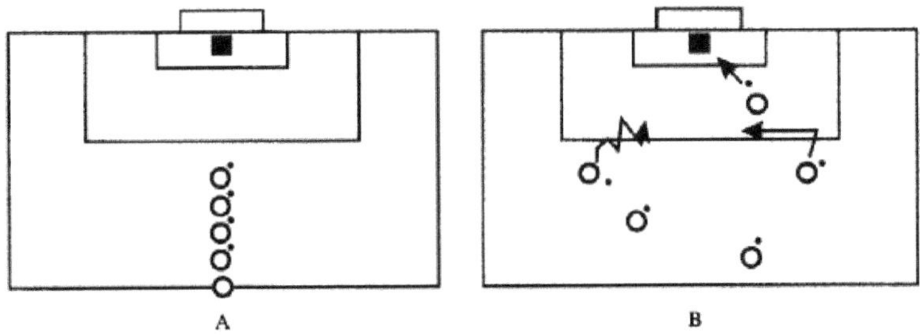

Algunos aspectos de desorganización ayudan al jugador a encontrarse en situaciones más reales para percibir y decidir (Fradua y Figueroa;1995).

Esta situación se puede aplicar a multitud de tareas como por ejemplo 1x1,2x1,2x2 etc

Debido a que esta pauta no es fácil de aplicar en tareas que son totalmente desconocidas para el niño, haremos una evolución orientativa, que será adaptada al nivel del grupo.

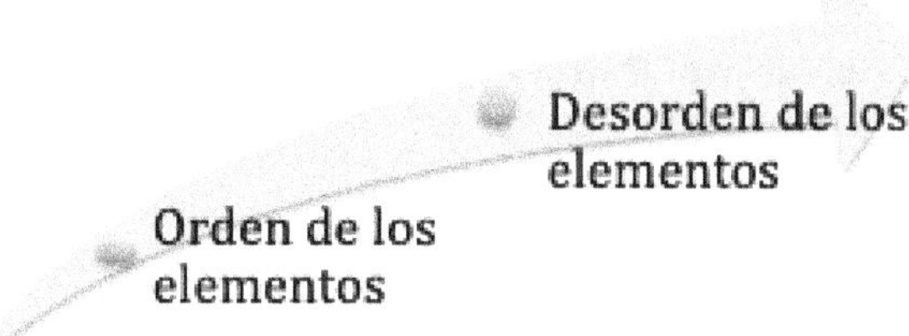

Las primeras veces que se muestre el formato de tarea podemos poner en orden los elementos y una vez que los jugadores saben como realizan la tarea, pasaremos al desorden.

- Organización material:

Tener una buena organización del material, nos permitirá optimizar el tiempo de entrenamiento durante la tarea como entre las tareas.

Los espacios de juego

Small Sided Games o posesiones:

Partiendo de los criterios propuestos por Fradua, Zubillaga ,Caro, Fernandez, Ruiz-Ruiz & Tenga (2012) y Fradua, Zubillaga, Caro, Fernández, Ruiz & Tenga (2013) podríamos establecer que en la utilización de los espacios de juego en los small sided games o posesiones deberá de ser entre 35 y 45 metros de profundidad, solo dándose espacios de 50 o más metros a las espaldas de la defensa cuando esta tiene el balón.

La zona del campo donde se producen los espacios más pequeños por número de jugadores es el centro del campo. Es interesante también hacer small sided games más pequeños a estos espacios con el objetivo de obtener mayor número de repeticiones de algún concepto técnico-táctico grupal o individual, pero las anteriores referencias son las más cercanas al juego real.

Espacios de partidos condicionados para equipos sub 8, sub 9 y sub 10:

- Reducir el espacio e intentar jugar de área a área. Reducimos el espacio de juego para producir más repeticiones en las acciones técnico-tácticas y adaptar el campo a la medida del niño.

Criterios básicos:

- Ancho predomina sobre el largo
- Espacios reales vs espacios más reducidos
- En las situaciones de INICIO:
    - Ancho = largo
    - Ancho > largo
- En las situaciones de CREACIÓN/DESARROLLO:
    - Ancho = Largo
    - Ancho > Largo
- En las situaciones de FINALIZACIÓN:
    - Ancho > Largo

Normas y condicionantes (constrains) para el aprendizaje/desarrollo de elementos técnico-tácticos en las tareas

La pedagogía no lineal emerge como una de las nuevas tendencias metodológicas en la enseñanza de los deportes de equipo. Esta metodología propone como elemento fundamental de la misma la utilización de constreñimientos, los cuales, podemos definirnos como los condicionantes o limitantes que proponemos en las tareas para poder provocar diferentes comportamientos.

A continuación proponemos las siguientes normas que pueden ser de ayudas para condicionar las tareas y que se reproduzcan comportamientos orientados a los diferentes elementos técnico-tácticos.

Elemento	Reglas
Control	Mínimo 2 toques + Superioridad numérica = - controles + Grande área de juego = - dificultad
Habilidad/ dominio	Número mínimo de toques 4 + oposición = + dificultad
Cobertura técnica	Número mínimo de toques 3 + Oposición= +Dificultad
Pase	- Número de toques = + número de pases + Distancia (o mayor área) = +Variedad de golpeos + Número de jugadores = - Pases
Conducción	- Número de jugadores = + posibilidad de conducción Situaciones de igualdad numérica Mínimo número de toques 4
Remate	Distancia (o mayor área) = + Variedad de golpeos + Número de jugadores = - golpeos

Elemento	Reglas
Tiro	- Tiempo para finalizar = + número de tiros + número de jugadores = - tiros por jugador - distancia = + número de tiros + distancia= + variedad de tiros Jugar con la variedad de densidad de jugadores
Entrada	Mínimo de toques por jugador 3 + número de jugadores= - entradas por jugador Igualdad numérica favorece el número de entradas, así como la inferioridad numérica ofensiva
Anticipación	Máximo 2 toques Provocar pases en largo + Distancia = + número de interceptaciones por jugador
Interceptación	- número de toques = + interceptaciones + número de jugadores= - interceptaciones por jugador
Regate	Mínimo de toques 4 + número de jugadores = - regates por jugador Igualdad o inferioridad numérica Pocos participantes o poca densidad/zona de participantes

Elemento	Reglas
Basculaciones	*Circulación de balón *Mínimo 1 portería o meta *Delimitar el campo en zonas o líneas (si no fijamos atacantes en esas zonas mejor. Intentar que las zonas lleguen a ocuparla los atacantes, no que estén ocupadas)
Repliegue	*fijar el tiempo de finalización de las jugadas *Limitar el número de toques por jugador *Marcar zonas que ayuden a fijar el objetivo
Reducción de espacios	*Distancias cortas

Elemento	Reglas
Distancia entre líneas	*Delimitar el campo en zonas o líneas
Marcaje	*Delimitar el campo en zonas o líneas *Crear superioridad numérica ofensiva para provocar constantes acciones
Presión	*Distancias pequeñas *Limitación de toques por jugador *Superioridad numérica defensiva *Utilización de varias porterías
Coberturas	*Delimitar el campo en zonas o líneas *Superioridad numérica defensiva
Permutas	*Delimitar el campo en zonas o líneas *Superioridad numérica defensiva
Amplitud	*Delimitar el campo en zonas o líneas *Superioridad numérica en las zonas de banda *Cambios de orientación
Apoyos	*Variar el número de jugadores * A menor distancia (tamaño del área) mayor número de apoyos
Creación y ocupación de espacios libres	* Variar el número de jugadores * A menor distancia (tamaño del área) mayor creación de espacios *Variar el tamaño de la zona de juego *Delimitar zonas o líneas *Limitar número de toques
Desdobla-mientos	*Amplitud *Delimitar zonas o líneas *Superioridad numérica en zona de banda
Cambios de orientación	*Amplitud *Delimitar zonas o líneas (paso de una zona a otra). Zonas prohibidas
Ritmo de juego	*Limitar el número de toques *Menor distancia de juego, mayor ritmo *Delimitar zonas o líneas (paso de una zona a otra) zonas prohibidas

Variables que influyen en la intensidad, dificultad y motivación de la tarea

Variable	Sub variable	Efecto
Espacio	Aumento	- Incrementar el número de desplazamientos a alta intensidad - Mayor tiempo para la toma de decisión - Mayor carga física - Menor carga cognitiva - Menor ritmo de juego
	Reducción	- Incremento del número de 1x1 - Menor tiempo para tomar decisiones - Mayor ritmo de juego - Mayor carga cognitiva - Menor carga física - Mayor número de giros y cambios de dirección
	(predominio) Vertical	- Menor especificidad
	(predominio) Horizontal	- Mayor especificidad
Jugadores	Aumento	- Mayor dificultad toma de decisión (mayor número de soluciones) - Incremento de la percepción - Mayor número de pases
	Reducción	- Mayor número de contactos jugador/balón - Mayor número de 1x1 - Más facilidad en la toma de decisión - Mayor movilidad

¿Cómo aumentar o disminuir la dificultad de la tarea?

Fácil	Variable	Difícil
Espacios más amplios	Dimensión del espacio	Espacios más reducidos
Superioridad en ataque	Proporción numérica	Igualdad o Inferioridad en ataque
Sin priorizar una acción técnico-táctica	Acción previa	Priorizando una acción técnico-táctica
Mayor nº	Nº porterías	Solo 1
Pierna dominante o libre	Lateralidad	Pierna no dominante
Toques libres	Nº toques	Limitación de toques
SÍ	Comodín	NO
No hay defensores	Defensa	Si hay
Sin límite	Tiempo para conseguir el objetivo	límite

¿Cómo aumentar o disminuir la intensidad de la tarea?

Menor intensidad	Variable	Mayor intensidad
Espacios más amplios	Dimensión del espacio	Espacios más reducidos
>Densidad	Proporción jugadores	<Densidad
Baja exigencia	Reglas técnico-tácticas	Alta exigencia
Baja	Competitividad	Alta
Mayor tiempo	Tiempo de juego	Menor tiempo
Bajo	Dominio de la tarea	Alto
Toques libres	Nº toques	Limitación de toques
No actúa	Entrenador	actúa
no	Porteros	si
Trabajo>descanso (continuos)	Ratio trabajo: descanso	Trabajo<descanso (intermitentes)
no	Gol (porterías pequeñas) o aspecto técn-tact para conseguir gol.	sí

OTRAS VARIABLES:

Zonas prohibidas:

Utilizar zona prohibidas en la tarea para producir efectos deseados en el comportamiento del jugador. Este tipo de zonas nos puede permitir:

- Evitar zonas de ocupación y posición: marcando dichas zonas el jugador no podrá ocupar y jugar en dichas zonas de juego.

- Circulaciones de balón: con esta regla de provocación podremos obligar a que el balón circule por esa zona prohibida (si es lo que se quiere conseguir en el modelo de juego).

Geometrías espaciales:

Según el modelo de juego podemos realizar diferentes figuras geométricas que delimiten o marquen el espacio de juego de la tarea según lo que queramos trabajar respecto a nuestro modelo de juego. Por ejemplo, utilizar rectángulos para la salida de balón con el medio centro.

Estructuras de juego para las tareas de entrenamiento según los principios del juego y la categoría formativo

Categoría	Mantener posesión	Progresar	Finalizar	Robar	Evitar progresar	Evitar finalizar
Sub 8	Superioridades numéricas de 3-4 jugadores	1x1 (dejar el balón detrás de la línea), Superioridades numéricas de hasta 3-4 jugadores Dividir en zonas	1x0, 1x1, 2x1, 2x2	1x1,2x2	1X1 (dejar balón detrás de la línea)	1x1
Sub 9-10	Superioridades numéricas de 2-3 jugadores	1x1 (dejar el balón detrás de la línea), Superioridades numéricas de hasta 2-3 jugadores. Dividir en zonas	1x0, 1x1, 2x1,2x2+ 1,3x1,3x2	1x1,2x2	1X1 (dejar balón detrás de la línea)...1x1+2 (exteriores)...2x2+2	1x0, 1x1, 2x1
Sub 11-12	Superioridades numéricas 2-3 jugadores	1X1 (dejar balón detrás de la línea)...1x1+2 (exteriores) ...2x2+2...3x3+2/ superioridades numéricas de 2-3 jugadores Dividir en zonas	1x0, 1x1, 2x1,2x2+ 1,3x1,3x2	1x1,2x2, 1x2	1X1 (dejar balón detrás de la línea)...1x1+2 (exteriores)...2x2+2...3x 3+2	Superioridades numéricas de (1-4 jug.) 1x0, 1x1, 2x1,2x2+1,3x 1,3x2 con facilidad para finalizar

Categoría	Mantener posesión	Progresar	Finalizar	Robar	Evitar progresar	Evitar finalizar
Sub 13-14	Superioridad numérica de 1-2 jugadores	3x3+2…4x4+2, 5x4,6x4 /superioridades numéricas de 2-3 jugadores Dividir en zonas	1x1, 2x1, 2x2, 3x2, 3x3+1,3x 3+3,4x4+3	Situaciones de igualdad (1x1, 2x2, 3x3,..) y alguna de superioridad en ataque (1x2, 2x3	Situaciones de superioridad ofensiva e igualdad	Superioridades numéricas de (1-4) 1x1, 1x2, 2x1,3x2,2x3 con facilidad para finalizar
Sub 15-16	Igualdad y superioridad numérica de 1-2 jugadores	5x4 (en diferentes fases del juego)…5x4+2….6x4 Dividir en zonas	1x1,2x2, 3x3+1, 4x3, 4x4+1, 4x4+3, 5x4, 5x5+3	Situaciones de igualdad y superioridad en ataque	Situaciones de igualdad y superioridad en ataque	Situaciones de superioridad, igualdad e inferioridad con facilidad para finalizar
Sub 17-Sénior	Igualdad y superioridad numérica de 1-2 jugadores	5x4 (en diferentes fases del juego)…5x4+2….6x4 Dividir en zonas		Situaciones de igualdad y superioridad en ataque reales	Situaciones de igualdad y superioridad en ataque más reales en el juego	Situaciones de superioridad e igualdad más reales en el juego

5. Plan de competición

PAUTAS BÁSICAS ANTES DEL PARTIDO

Antes del partido tendremos que realizar el plan de competición. Este plan de competición se realizará entre 24-12 horas antes del partido. Entre los diferentes elementos que podrían componer dicho plan, podemos determinar:

- Rival
- Nivel del rival (nivel 1, 2 o 3)
- Objetivo/s del partido
- Alineación
- Periodos de juego de cada jugador
- Demarcaciones propuestas para posibles pautas de actuación del partido
- Determinar objetivos individuales de los jugadores

PAUTAS BÁSICAS DE ACTUACIÓN DURANTE EL PARTIDO

Con el objetivo de tener claro nuestros criterios formativos durante la competición estableceremos unas pautas comunes que por el bien formativo del jugador será recomendable. Durante la competición estableceremos una serie de pautas básicas de actuación que variarán según la categoría formativa.

Categoría	Minutos de juego	Resultado
Sub 8 - Sub 14	Mínimo todos los jugadores jugarán el 30 (categorías mayores) - 40% (categorías más pequeñas) de los minutos	*A partir de 3-4 goles de ventaja cambiar posiciones *A partir de 5-6 goles de ventaja poner criterios metodológicos *+8 dificultar la finalización
Sub 15 - Filial	No hay premisas	*+4-5 goles: limitaciones tecn-tact indiv o grupal

EL CALENTAMIENTO EN COMPETICIÓN

Durante la competición habrá pequeños cambios en el calentamiento. Para tener una estructura común, elaboramos aquí las pautas a seguir.

Desde sub 8 hasta sub 14

Pre-calentamiento

- Visualización del terreno de juego
- Entrada en el vestuario

Calentamiento aprendizaje

- Activación
- Tarea de aprendizaje
    - Elementos técnico-tácticos individuales
    - Elementos técnico-tácticos grupales

Duración 10-15 minutos aproximadamente

Desde sub 15 hasta Filial

Duración 15-20 min aprox. (aumentar +5-10min como visitante)

TIPO A	TIPO B
Pre-calentamiento	Pre-calentamiento
- Visualización y sensaciones del terreno de juego **con balón** - Entrada en el vestuario	- Visualización del terreno de juego - Entrada en el vestuario
Calentamiento individual	Calentamiento individual
- Activación individual - Estiramientos - Acciones de partido individual: Individualmente o por parejas	- Activación individual en vestuario - Sensaciones del terreno de juego **con balón** - Estiramientos
Dinámica de grupo	Dinámica grupal
	- Rondo - SSG o POS - Acciones reales de partido indiv/colect. - Tarea variable de concentración-motivación

BIBLIOGRAFÍA:

- Brüggeman, D. & Albrecht, D. (1996) *Entrenamiento moderno del fútbol.* Hispano Europea. Barcelona.

- Fradua, L. (1993). *Efectos del entrenamiento de la visión periférica en el rendimiento del jugador de futbol.* Tesis doctoral .Granada: Universidad de Granada,

- Fradua, L. y Sánchez-Latorre, D. (2001). La planificación en el fútbol base: modelo aplicativo de planificación integral. *Training fútbol: Revista técnica profesional,* 63, 26-41.

- Fradua, L., Zubillaga, A.,Caro, O., Fernandez, A., Ruiz-Ruiz, C. & Tenga, A. (2012). Designing small-sided games for training tactical aspects in soccer: Extrapolating pitch sizes from full-size professional matches, *Journal of Sports Sciences,* DOI:10.1080/02640414.2012.746722

- Fradua, L; Zubillaga, A; Caro, O; Fernández, I; Ruiz, C y Tenga, A. (2013). Nuevas reflexiones para diseñar situaciones reducidas. *Revista fútbol-táctico.* Nº marzo, 2013.

- Wein, H. (2004). Fútbol a la medida del niño vol.1.Madrid: Editorial Gymnos.

- Garganta, J. y Pinto, J. (1997). La enseñanza del fútbol. En Graca, A y Oliveira, J. La Enseñanza de los juegos deportivos. Paidotribo. Barcelona.

- Garganta, J. (2016). La humanización del entrenamiento y la competición será la gran revolución del fútbol. *Fútbol holístico.* Recuperado de https://fholistico.wordpress.com/2016/04/06/julio-garganta-la-humanizacion-del-entrenamiento-y-la-competicion-sera-la-gran-revolucion-del-futbol/ el 15/12/2018.

- Martín-Barrero, A., & Martínez-Cabrera, F. I. (2019). El modelo de juego en el fútbol. De la concepción teórica al diseño práctico (Game models in soccer. From theoretical conception to practical design). *Retos,* 36(36), 543-551.

- Martín-Barrero, A., & Martínez-Cabrera, F. I. (2019). *Fútbol: El modelo de juego. Desde la pizarra al entrenamiento.* Sevilla: Wanceulen.

- Wein, H. (2000). *Fútbol a la medida del adolescente: programas formativos para desarrollar y mejorar su capacidad de juego.* Sevilla: Wanceulen.

- Wein, H. (2004*). Fútbol a la medida del niño vol.1.*Madrid: Editorial Gymnos.

- Sans, A. y Frattarola, C. (1998). *Fútbol Base. Programa de entrenamiento para la etapa de tecnificación.* Barcelona : Paidotribo.

- Van Hoecke, J., Schoukens, H. & De Knop, P. (2006). Foot PASS: a Constructive and Distinctive Quality System for Youth Academies of Professional Football Clubs. In: Papadimitriou, D. (Ed.). Proceedings of the 14th Congress of the European Association for Sport Management, 278 - 279. Nicosia: EASM.

- Schoukens, H. & Van Hoecke, J. (2005). Scoren met jeugd. Succesvol runnen van een jeugdopleiding. [With youth to the top. Effective management of a youth academy]. Antwerpen: F&G Partners.

- Thiagarajan, S., Semmel, D.S., & Semmel, M.L (1974). Instructional development for training teachers of exceptional children: A source book. Reston VA: The Council for Exceptional Children.

- Thorndike, E. (1906). *The Principles of Teaching Based on Psychology.*

- Indypublish.Com